中华民族共同体视域下的两汉羌族政策研究

李正周　著

新　华　出　版　社

图书在版编目（CIP）数据

中华民族共同体视域下的两汉羌族政策研究 / 李正周著 . -- 北京：新华出版社，2023.6

ISBN 978-7-5166-6877-1

Ⅰ . ①中… Ⅱ . ①李… Ⅲ . ①羌族－民族政策－研究－中国－汉代 Ⅳ . ① D691.72

中国国家版本馆 CIP 数据核字 (2023) 第 115585 号

中华民族共同体视域下的两汉羌族政策研究

作　　者：李正周

选题策划：唐波勇

责任编辑：张云杰　　**封面设计：**优盛文化

出版发行：新华出版社

地　　址：北京石景山区京原路 8 号　　**邮　　编：**100040

网　　址：http://www.xinhuapub.com

经　　销：新华书店、新华出版社天猫旗舰店、京东旗舰店及各大网店

购书热线：010-63077122　　**中国新闻书店购书热线：**010-63072012

照　　排：优盛文化

印　　刷：石家庄汇展印刷有限公司

成品尺寸：170mm × 240mm

印　　张：11.25　　**字　　数：**150 千字

版　　次：2023 年 6 月第一版　　**印　　次：**2023 年 6 月第一次印刷

书　　号：ISBN 978-7-5166-6877-1

定　　价：68.00 元

序

李正周《中华民族共同体视域下的两汉羌族政策研究》付梓在即，邀我为之作个序，首先对书稿的出版表示祝贺！

说实话，我的专攻方向在隋唐五代史，对于两汉历史并无比较全面深入的研究，只是在做一个“儒家民族思想研究”的课题时，对两汉时期的一些儒家思想家的华夷观（抑或可称之为“民族思想”）做过一些探索。不过，汉儒的华夷观念，对唐人影响颇深；唐代的边疆民族政策，也多借鉴于汉代，故就此略谈一些感想。

在中国这块土地上，很早以来，就形成了华夏居中，周边为东夷、南蛮、西戎、北狄的民族分布格局，正如戴圣所编《礼记·王制》中所言：“中国、夷、蛮、戎、狄，皆有安居、和味、宜服、利用、备器。五方之民，语言不通，嗜欲不同。”同样，中国古代的政治家、思想家们，也在很早以前就产生了“大一统”的思想观念，《诗经·小雅·北山》中有“溥天之下，莫非王土；率土之滨，莫非王臣”；《荀子·儒效》中有“四海之内若一家，通达之属莫不从服”；《中庸》中有“舟车所至，人力所通，天之所覆，地之所载，日月所照，霜露所队，凡有血气者，莫不尊亲”；等等。正是在这种大一统思想观念的支配和影响下，统治者或通过“修文德”以“来远人”所谓“文”的一面；或通过开疆拓土、征服他族所谓“武”的一面，实现华夷一统，从而在春秋战国时期，华、夷之间就形成了你中有我、我中有你的政治局面，这可以说是中华民族共同体形成的开端。

汉代是中华民族共同体形成的重要历史阶段。汉王朝不仅继承了秦王朝的中央集权制度，而且通过“文”“武”两种途径，开疆拓土，奠定了中华民族今日疆域的基础；“汉人”成为汉族的前身及其族称的由来；而先秦时期的“大一统”思想，也在以汉儒为首的思想家们的大力推动下，进一步深入人心。从汉初贾谊的天下“首足”观、建立“属国”的主张以及“三表”“五饵”之术，到“身为儒宗”的萧望之，以及贤良文学的“慕化”“和亲”之策，再到董仲舒以及何休对《春秋公羊传》中“大一统”思想和华夷观的阐述发挥，等等，无不在为汉朝的统一事业和边疆民族治理，以及客观上中华民族共同体的形成提供着思想理论依据。而汉代的“边吏”们则作为具体执行者，担当起了“教化”边民、“宣示汉德，威怀远夷”“用夏变夷”的职责。于是“前世所不至，正朔所未加”的“徼外蛮夷”纷纷归化，并作《远夷乐德歌》《远夷慕德歌》《远夷怀德歌》，以表达他们“慕义向化”“长愿臣仆”的心迹。

汉代治理边疆民族的一项重要举措，就是贾谊曾经提出过的“属国制”。所谓“属国”，是两汉为安置归附的匈奴、羌、夷等少数族而设置的一种行政区划。《汉书·武帝纪》云：“[元狩二年（公元前121年）]秋，匈奴昆邪王杀休屠王，并将其众合四万余人来降，置五属国以处之。”按照颜师古的解释：“凡言属国者，存其国号而属汉朝，故曰属国。”或：“不改其本国之俗而属于汉，故号属国。”① 而据学者研究，汉代在北、西、东三边诸郡的安定、天水、上郡、西河、五原、金城、北地、犍为、广汉、蜀郡、张掖、居延、辽东等郡内皆有属国的设置，其大者领有五、六城，小者一、二城。唐代诗人王维《使至塞上》诗句中“单车欲问边，

① 班固.汉书[M].北京：中华书局，1962：2483.

属国过居延”，正是指的汉代的“居延”属国。由此，我们不免会联想到唐代一项重要的制度——羁縻府州制度。

据《新唐书·地理志·羁縻州》：“唐兴，初未暇于四夷，自太宗平突厥，西北诸蕃及蛮夷稍稍内属，即其部落列置州县。其大者为都督府，以其首领为都督、刺史，皆得世袭。虽贡赋版籍，多不上户部，然声教所及，皆边州都督、都护所领，著于令式。”这就是有唐一代的羁縻府州制度。诚然，唐代的羁縻府州并不完全等同于汉代的“属国”，作为一种制度，它较汉代的“属国”更加完善，其与中央朝廷的隶属关系也更为牢固。不过，二者却有一定的渊源关系。《旧唐书》记载：“初，突厥之降也，诏议安边之术。……彦博议曰：‘汉建武时，置降匈奴于五原塞下，全其部落，得为捍蔽，又不离其土俗，因而抚之。一则实空虚之地，二则示无猜之心。若遣向西南，则乖物性，故非含育之道也。’太宗从之，遂处降人于朔方之地。”即唐代的羁縻府州制度是在参照和借鉴汉代“属国制”的基础上发展而来的。

作为一个古老的民族，羌族与华夏（汉族）的关系源远流长，两汉时期的汉羌关系、两汉王朝对于羌族的征服及其治理，是汉代边疆治理的重要组成部分，也是中华民族共同体形成的一个重要节点，而李正周是较早对于这一问题做出较为全面和系统研究的学者之一。按照他的研究，两汉王朝对羌族的治理，主要包括了以下几项政策：设置护羌校尉，持节领护西羌；在河湟设郡县，隔绝羌胡，招抚西羌；设置道、属国，安抚降羌；设置汉安都护；武力征伐；等等。而从总体上说，西汉王朝实施了较为正确的羌族政策，从而使得西汉的整个西北边疆政策得以顺利实施，集中力量解决最大的边患——匈奴问题。东汉王朝则实施了错误的羌族政策，从而导致了贯穿整个东汉王朝始末的“羌祸”，并且由“羌祸”最终敲响了东汉王朝灭亡的丧钟。

中华民族共同体的形成，是一个漫长而又复杂的过程，在不同的历史时期，其表现形式也不尽相同，其中有和平的途径，也有战争的手段，正是在不断的战争与和平中，实现了各民族间的交往、交流、交融。将两汉王朝对羌族的征服及其治理，放入中华民族共同体形成的视域下进行考察研究，从中得出经验教训，无疑具有一定的学术意义和现实意义。是为序。

樊文礼

二〇二三年二月十一日于乌鲁木齐

前言

中国历代中原王朝的民族政策及边疆管理政策，是民族关系史研究中的重要内容。两汉时期的羌族政策，是这重要内容中的一个部分，因此，这一问题具有一定的学术价值和意义。两汉的羌族政策，研究的视角是两汉王朝管理羌族的民族政策。长期以来，史学界对两汉的羌族政策研究有所忽略。事实上，羌族问题是贯穿两汉的重大问题，正是因为西汉王朝实施了正确的羌族政策，才使得西汉的整个西北边疆政策得以顺利实施，集中力量解决西汉最大的边患——匈奴问题。羌族问题更是东汉王朝重大的民族问题，正是因为东汉王朝实施了错误的羌族政策，才导致了贯穿整个东汉王朝始末的“羌祸”，“羌祸”最终敲响了东汉王朝灭亡的丧钟。

本书较为全面和系统地对两汉的羌族政策进行了论述，对前人研究成果进行了综合、梳理，在此基础上，也提出了自己的一些见解。本书最大的特色和创新点，是将羌族政策放入两汉整个民族政策中整体考察。此外，在写作中利用了新出土的一些考古发掘材料，在一些问题的考证上较前人有所突破。

本书首先分阶段探讨了西汉时期、王莽时期、东汉时期不同时期的羌族政策；其次，分析了影响两汉羌族政策的两个重要因素，一是两汉羌吏的选拔与任用，二是两汉时人的治边思想，主要以晁错和王符的治边思想为代表；再次，探究了两汉羌族政策对两汉西北边疆的影响，西汉时期的“羌中道”是西汉王朝通西域的重要通道，东汉王朝错误的羌族政策引发了东汉王朝一系列的西北边疆危机，西羌的不断反抗迫使东汉王朝对西域“三绝三通”，对东汉王朝经营和管理西北边疆产生了明显的负面影响；最后，本书还对两汉的羌族政策与“西南夷”民族政策做了比较。

目 录

第一章　绪论

第一节 研究对象、研究价值及研究概况

一、研究对象及研究价值

两汉的羌族政策所谈到的两汉时期的羌族，从广义上讲是指两汉时期羌族的整体，既包括河湟羌，即西汉时期的西羌，也包括东汉时期的东羌，即内徙的羌人，此外还包括天山南路的诸羌。但是因为天山南路诸羌在整个两汉时期对两汉王朝的影响不是最直接的，所以从狭义上讲主要是指以河湟羌为主体的羌人，因为河湟羌对两汉王朝的影响是直接的，特别是对东汉王朝的影响又是最大的，东汉羌人的起义是东汉王朝衰落并走向灭亡直接的原因。

两汉的羌族政策，研究的视角是两汉王朝管理羌族的民族政策。历史表明，适宜的民族政策及其灵活有效的实施，对边疆民族的稳定与发展至关重要，而边疆民族的稳定与发展则是中原王朝边防稳固的基础。所以，两汉时期西北边防最终走向崩溃的直接动因往往并不是外部入侵，而是与边疆民族地区的不稳定密切相关，其中民族政策则起着决定性的作用，是两汉边政问题的核心。所以，两汉的民族政策是我们认识和研究两汉边疆管理体制的基础。

长期以来，史学界对两汉民族政策的研究主要集中在对匈奴的政策及经营西域的政策等重大的热点问题上，并取得了有目共睹的累累硕果。但学者们对两汉的羌族政策研究有所忽略。事实上，羌族问题是贯穿两汉的重大问题，从汉武帝以后，“隔绝羌胡”的西北边疆战略始终贯穿

整个西汉王朝，正是因为西汉王朝实施了正确的羌族政策，才使得西汉的整个西北边疆政策得以顺利实施，集中力量解决西汉最大的边患——匈奴问题。羌族问题更是东汉王朝最重大的民族问题，正是因为东汉王朝实施了错误的羌族政策，才导致了贯穿整个东汉王朝始末的“羌祸”，“羌祸”最终敲响了东汉王朝灭亡的丧钟。东汉王朝错误的羌族政策引发了东汉王朝一系列的西北边疆危机，西羌的不断反抗迫使东汉王朝对西域的经营时断时续，史称“三绝三通”，对东汉王朝经营和管理西北边疆产生了明显的负面影响。两汉羌族政策对后世历代王朝的民族政策也产生了深远的影响，不管是唐宋时期的羁縻府州制还是元明清时期的土司制度，其渊源都可以追溯到两汉时期的属国制度。秦汉时期的民族思想和民族政策对中华民族共同体形成的历史进程有重要的影响，是其历史渊源和基础，从两汉羌族政策这一视角考察这个问题有着独特的学术价值，对今天的民族区域自治也有历史的借鉴意义。

事实上，羌族问题是贯穿两汉的重大问题，这个问题是研究两汉民族关系史、西北边疆史的一个重要切入点，从这一问题来分析两汉民族关系和民族政策的发展演变，具有重要的学术价值。通过全面考察两汉羌族政策的历史、演变、影响等内容，能够对当前民族政策的制定实施提供借鉴。

综上所述，两汉羌族政策的研究具有深远的史学研究价值，因为民族政策是边疆政策、边防政策的重要组成部分，要研究两汉边疆边防问题，必须研究两汉的民族问题，而两汉的羌族政策是两汉民族政策中不容忽视的问题。两汉不同的羌族政策不仅影响了两汉汉羌关系，而且直接影响两汉边疆政策的贯彻实施，是关系西汉王朝兴、东汉王朝亡的重大课题。

二、研究概况

（一）研究著作

两汉羌族的情况文献资料颇多，并且集中。《汉书·赵充国辛庆忌传》中心之一就是治羌问题。《后汉书·西羌传》用较大的篇幅以少数民族专传的形式较详细叙述其源流、发展演变过程，涉及众多护羌校尉的事迹，为后世的研究提供了原始文献。东汉王符更以亲身亲见在《潜夫论》中对羌乱边患进行系统分析，有珍贵的价值。古籍政书、类书对羌族、护羌校尉在民族、职官、地理类目中也有相关内容，但主要是正史资料的汇集。

对于羌族的研究，早在20世纪二三十年代就开始了，这期间受到新文化运动的影响，大多数学者关于羌族的研究，大多采用的是西方民族史研究法，较为著名的有林惠祥《中国民族史》（商务印书馆，1939年版），王桐龄《中国民族史》（文化学社，1934年版）中的羌族部分。这些学者从民族的定义出发，去系统论述羌族的发展始末，但中间对如何区分羌族支派等问题仍然有很大的分歧。随着舆地之学的兴起，在此期间出现了很多不朽之作，史学家吕思勉在其《中国民族史两种》（上海古籍出版社，2008年版）中，从文字学的角度去讨论羌族的分布和影响，吕思勉也是最早从考据学对羌族的支派进行研究的学者之一，对后来羌族史的研究产生了很大的影响。

民国时期曾有过边政研究热潮，有论及两汉羌族的问题。根据张传玺、胡志宏、陈柯云、刘华祝所编《1900—1980战国秦汉史论文索引》（北京大学出版社，1983年版）可知，具体的论文如张耀庚《汉代的边患》（《新亚细亚》1934年第8卷第4期）、尚明《汉代的西北边事》（《新亚细亚》1935年第9卷第5期）、顾颉刚《东汉的西羌》[《经世》（战时特刊）

1939年第47、48合期］、吴其昌《两汉边政之借鉴》(《边政公论》1942年第1卷第5—8合期)、史念海《汉代对西北边郡的经营》(《文史杂志》1942年第2卷第2期)、刘仁成《东汉羌祸与内政的关系》(《西北通讯》1948年第3卷第5期)等。而吕思勉《中国民族史》(世界书局，1934年初版，中国大百科全书出版社，1987年版)、钱穆《国史大纲》(商务印书馆，1940年初版，商务印书馆，1996年版)、吕思勉《秦汉史》(上海开明书店，1947年初版，上海古籍出版社，1983年版)，相关部分对羌族史、汉羌关系也有一定的篇幅进行论述。

中华人民共和国成立后，民族史方面，马长寿、任乃强、黄烈、李绍明等史学家出版了一批重要著作。马长寿的《氐与羌》(上海人民出版社，1984年版)堪称是第一部系统、全面涉及羌族史方面研究的专著，他对东汉羌族的分支情况做了系统的论述，对东汉五次羌族大起义做了详细的论述。任乃强的《羌族源流探索》(重庆出版社，1984年版)、黄烈《中国古代民族史研究》(人民出版社，1987年版)书中第一次对东、西羌的区别及渊源问题做了系统的阐述。冉光荣、李绍明、周锡银合著的《羌族史》(四川民族出版社，1985年版)则是第一部羌族通史，对护羌校尉的材料也做了些整理。木芹《两汉民族关系史》(四川民族出版社，1988年版)、田继周《秦汉民族史》(四川民族出版社，1996年版)则是断代的民族史，汉羌关系是他们研究的重要内容。翁独健主编《中国民族关系史纲要》(中国社会科学出版社，1990年版)、马大正《中国边疆经略史》(中州古籍出版社，2000年版)、杨建新《中国西北少数民族史》(民族出版社，2003年版)也有论及。

最近几年随着大量的考古学资料的发现，羌族的研究进入了一个新的发展时期，田余庆《拓跋史探》(中华书局，2011年版)中，对羌族研究有重要的启示，他将羌族与鲜卑族的发展放在一起探讨。李大龙《两汉时期的边政与边吏》(黑龙江教育出版社，1998年版)，在护羌校尉等羌史的研究方面，具有开创性意义。耿少将《羌族通史》（上海人民出版社，2010年版），崔永红等编写的《青海通史》（青海人民出版社，1999年版），书中谈到西汉对河湟地区的初步经营、东汉对青海东部地区的统治与开发等问题，涉及两汉羌族的问题，但没有上升到羌族政策来认识。王子今《秦汉边疆与民族问题》（中国人民大学出版社，2011年版）利用现在新的摩崖石刻，对西羌的历史发展给予了新的解释，尤其是《中江塔梁子崖墓壁画榜题大鸿芦拥兵平羌事考论》一文，对当时两汉政府对羌族的统治及相关的官职建设做了深入的考证，对羌汉关系的研究与探索具有深刻的影响。赵云田撰写的《中国边疆民族管理机构沿革史》（中国社会科学出版社，1993年版），较为详细地阐述了中国边疆民族管理机构不同发展阶段的特点和作用，其中作者对汉代属国的论述，认为汉代蜀国不仅与汉代管理匈奴有关系，而且与汉代管理羌族也有关系。王明珂在《羌在汉藏之间——川西羌族的历史人类学研究》（中华书局，2008年版）中运用田野调查与人类学、传统文献相结合的方法，对古代羌族的历史文化与羌族民俗文化做了分析。王明珂在《英雄祖先与弟兄民族》（中华书局，2009年版）中用人类学原理将护羌校尉窦琳冤案做了初步的解释，并且进一步将"父子联名制"与当前西南少数民族的许多风俗联系在一起做考查，可谓卓识。王明珂还出版了《华夏边缘——历史记忆与族群认同》（社会科学文献出版社，2006年版）、《游牧者的抉择——面对汉帝国的北亚游牧部族》（广西师范大学出版社，2008年版）、《寻羌——羌乡田野杂记》（中华书局，2009年版）。

官制、军事方面的专著，如安作璋、熊铁基《秦汉官制史稿》（齐鲁书社，2007年版）、熊铁基《秦汉军事制度史》（广西人民出版社，1990年）、黄今言《秦汉军制史论》（江西人民出版社，1993年版）、黄今言、邵鸿、卢星、赵明《中国军事通史——第六卷　东汉军事史》（军事科学出版社，1998年版）、李玉福《秦汉制度史论》（山东大学出版社，2002

年版），对羌族历史特别是官制也有一些论述涉及。

断代史、通史方面，林剑鸣《秦汉史》（上海人民出版社，1989年版）、张岂之主编《中国历史》（高等教育出版社，2001年版），有助于史实的掌握。在崔瑞德、鲁惟一主编的《剑桥中国秦汉史》（中国社会科学出版社，1992年版）中，余英时写的相关部分视点独特，发人深省。

另外，学者们对两汉的羌族政策的论述，往往零星地蕴涵在与此相关的学术著作中，如林干的《中国古代北方民族史新论》（内蒙古人民出版社，1993年版）、《中国北方民族关系史》编写组的《中国北方民族关系史》（中国社会科学出版社，1987年版）、江应梁的《中国民族史》（民族出版社，1990年版）、王钟翰的《中国民族史》（中国社会科学出版社，1994年版）等。

（二）研究论文

两汉羌族政策有关的论文可推至20世纪30至40年代，有容肇祖的《东汉时关于边事之舆论》（《大公报·史地周刊》1936年5月8日），刘成仁的《东汉羌祸与内政的关系》（《西北通讯》1948年3卷5期）。早期还有胡昭曦《论汉晋的氐羌和隋唐以后的羌族》（《历史研究》1963年第2期）、李绍明《关于羌族古代史的几个问题》（《民族研究》1963年第5期），对羌族史的认识有争论，比较重要。王宗维、李大龙、高荣等学者在前人研究的基础上，将研究推向深入。如王宗维《汉代的属国》（《文史》第20辑，中华书局，1983年版）、王宗维《秦汉时期匈奴与西羌的关系》[《西北大学学报》（哲学社会科学版）1986年第2期]、王宗维《秦汉西羌的部落和部落组织》（《西北历史研究》1988年号，三秦出版社，1990年版）为今后的研究打下了扎实基础。

后来，直接研究两汉羌族政策的论文陆续出现，如杨秀清的《论东汉对羌族的政策》（《青海社会科学》1995年第5期）是直接研究东汉羌族政策的论文。作者认为东汉政府对羌政策的目的在于削弱羌人势力，减轻因羌族势力强大对东汉王朝造成的威胁，同时也为了防止地方豪强势力与羌人结合，分裂中央政府，因而，东汉政府的对羌政策还是取得了一定的成效的。然而，东汉的对羌政策也引起了羌民的激烈反抗。高荣的《两汉对羌民族政策与东汉羌族起义》(《广东社会科学》1998 年第 3 期)，认为西汉王朝实行“隔绝羌胡”“怀柔笼络”的羌族政策是正确的，东汉羌人起义的根本原因在于东汉推行了错误的民族政策。陈金凤、欧阳辉《东汉明帝民族政策论析》(《贵州民族研究》2006 年第 4 期）认为东汉明帝继承和发展光武帝的民族政策，致力于解决周边民族问题。王伟《东汉治羌政策之检讨》(《中国边疆史地研究》2008 年第 1 期）在分析东汉治羌政策中提到，东汉时期，陇西郡和羌地接壤，陇西郡境的羌汉冲突并不意味着东汉王朝存在和羌人争夺生存空间的问题。吴永章的《从秦汉时期的民族政策看我国土司制度的渊源》[《中南民族学院学报》(哲学社会科学版）1984 年第 3 期] 指出，秦汉时期设立专门行政机构、任用夷长、征募夷兵、徙夷于内地、采取有别于内地的赋税和法律措施等方式，为其后的历代封建王朝所承袭和发展，进而认为我国的土司制度源于秦汉。徐杰舜的《秦汉民族政策特点初论》(《贵州民族研究》1992 年第 2 期）一文认为秦汉的设郡而治、屯田戍守、徙民实边、强制少数民族内迁等民族政策具有开拓性特点。高荣的《汉代河西人口蠡测》(《甘肃高师学报》2000 年第 1 期）则从两汉河西人口的变化，阐述了东汉政府在西北推行消极退守政策所产生的后果。

多年来，研究两汉汉羌战争原因的论文较多，在这些论文中，作者在分析两汉汉羌战争原因时都间接地涉及了两汉羌族政策的得失。赵明的《东汉对西羌长期作战的原因与教训》(《中国史研究》1994 年第 1 期)，对东汉与西羌长期作战的原因和教训做了深入的分析，认为东汉西羌战争起伏性和长期性的最根本原因是东汉在湟中实行错误的统治方式和民族政策。王剑英的《羌人反抗东汉封建统治的斗争》(《历史教学》1956年11月号)、陈可畏的《略论羌族与东汉战争的性质》(《历史教学》1960年第7期)和余尧的《东汉羌人起义》[《西北师大学报》(社会科学版)1981年第1期]三篇论文是较早分析东汉羌人起义原因的文章，文中都对东汉政府羌族政策有所分析。杨永俊的《论西汉的“隔绝羌胡”政策对两汉西羌之“祸”的影响》(《宜春师专学报》1998年第4期)，认为应把东汉的羌“祸”与西汉的羌“乱”、东汉的羌族政策与西汉的羌族政策这两个方面联系起来。作者的另外几篇论文《东汉政治家如何解读羌“祸”原因》[《宜春师专学报》(社会科学版)2000年第6期]、《对东汉“羌祸”的重新审视》(《西北史地》1999年第1期)和《从护羌校尉人选探吏治与东汉“羌祸”的关系》(《宜春师专学报》2000年第1期)，则分别从东汉政府对羌族的内徙政策，以及从东汉政府用人不当的吏治政策分析了东汉羌祸的原因。张大可的《东汉时期的安羌名将——凉州三明》(《西北史地》1982年第2期)认为连绵不断的羌汉战争是塞外“西羌”侵边的“羌祸”，而不能用简单的羌人起义来概括。何湟的《关于东汉时期羌汉战争的性质问题——与张大可同志商榷》(《青海社会科学》1985年第1期)则对张文提出了不同的看法，认为东汉前期的羌汉冲突中以羌人缘边侵扰抢劫性质居多，而安帝以后的羌汉战争完全可以用“起义”来概括。关于羌人起义的原因，史家也各有侧重论述。陈新海的《试论东汉在青海地区的施政》(《青海社会科学》1997年第5期)一文，认为东汉王朝继承并完善了西汉时期的对羌政策，只是在执行中出现偏差，从而引发了羌民的多次大规模反抗。高荣的《论两汉对羌民族政策与东汉羌族起义》(《广东社会科学》1998年第3期)一文，则提出了不同的看法，认为东汉王朝对羌政策完全错误，从而激起了羌族的猛烈反抗。王勖在《东汉羌汉战争动因新探》(《中国边疆史地研究》2008年第2期)中指出，羌汉战争的原因极其复杂，绝非简单的民族压迫和民族剥削此两点所能解释。在其另一篇文章《羌汉战争与东汉帝国的东西矛盾》[《西北民族大学学报》（哲学社会科学版）2007 年第 5 期] 中，作者通过对东汉时期山东、山西羌人在朝中地位的升降变迁的论述，指出东汉时期羌汉矛盾受各种因素的影响。

学术界边疆史地研究的升温，带动了边疆政策的研究，而民族政策是边疆政策的重要组成部分，所以在两汉边疆政策研究论文中，也涉及两汉的羌族政策。如李三谋的《东汉王朝的边疆经略》（《中国边疆史地研究》1997 年第 3 期），文中指出东汉政府既对西羌缺乏安抚，又对已经形成的羌人反叛缺乏积极的应付手段和成功的战略措施。高荣的《汉代对西北边疆的经营管理》（《中国边疆史地研究》1994 年第 4 期），文中提出了两汉在羌族地区实行的郡国与护羌校尉并行的双轨制。高荣的另一篇论文《东汉西北边疆政策述评》（《学术研究》1997 年第 7 期），认为东汉的西北边疆政策是消极保守的，东汉对羌政策也是消极被动的。陈梧桐《西汉王朝开拓边疆斗争的历史意义》（《中国边疆史地研究》1999 年第 3 期）、陈晓鸣《两汉北部边防若干问题之比较》（《中国边疆史地研究》2002 年第 3 期）、黄今言《两汉边防战略思想的发展及其主要特征》（《中国边疆史地研究》2004 年第 1 期），从战争战略的角度有深入探讨。

不少学者利用悬泉简展开对羌族问题的研究。张德芳《悬泉汉简羌族资料辑考》（《简帛研究二〇〇一》，广西师范大学出版社，2001 年版）利用悬泉简对羌人情况的记载，从护羌校尉的设立、羌将军辛武贤的相关史实、归义羌人的安置三方面加以考证，羌虽居塞外，但发生纠纷还要告官处理，说明他们已经归顺为郡县官府管理的臣民。初师宾《悬泉汉简羌人资料补述》[《出土文献研究》（第六辑），上海古籍出版社，2004 年版] 利用悬泉简对羌的由来、汉政府对羌人的管理、汉羌之间民族融合的表现、几个羌族部落的特点、羌族叛乱和汉政府平叛等方面展开考述，对《汉书·百官志》没有明确记载而悬泉简中提到的“护羌校尉、护羌使者与属吏”做了严密考证。王力《两汉时期西羌内迁浅析》(《青海民族研究》2004 年第 3 期）据悬泉简认为西羌分为政治性和经济性内迁，并结合《案归何诬言驴掌谋反册》所载史实分析了羌族内迁的影响，认为西羌的内迁既促进本民族封建化的进程，也加速了与汉族的融合。薛海波《试论敦煌悬泉汉简中的羌》(《通化师范学院学报》2004 年第 3 期）论述了西汉中后期中央和地方政府所置专门管理羌人事务官吏的具体情况，神爵年间羌人叛乱及西汉政府所采取的镇压措施，河西地区降羌的管理和政府官吏对降羌压迫与奴役方式等问题。汪桂海《从出土资料谈汉代羌族史的两个问题》(《西域研究》2010 年第 2 期）将目前所见到的简牍材料与传世文献相结合，就羌族的种落、护羌校尉与护羌使者、民族压迫与羌人的反抗等问题予以探讨，印证和补充史书记载。

两汉王朝屯田与羌族民族政策又有关联，如徐杰舜、罗树杰的《中国古代民族经济政策初论》(《贵州民族研究》1994 年第 3 期）概述了中国古代民族经济政策的主要内容，即朝贡、赋税、互市、屯田等，并对其特点进行了概括和评价。赵俪生主编的《古代西北屯田开发史》(甘肃文化出版社，1997 年版）一书中较详细地论述了中原王朝在羌地屯田的情况和历史作用。王宗维在《汉代羌族的部落组织》(《西北历史资料》1982 年第 1 期）中对中原政府在羌地的屯田提出了不同的看法，认为中原王朝在羌地的屯田，使羌民的农业在汉代不但没有发展，而且逐渐萎缩。陈梧桐的《西汉王朝开拓边疆斗争的历史意义》(《中国边疆史地研究》1999 年第 3 期）认为西汉王朝在羌地设立郡县、移民屯田等举措推动了羌族社会的发展。何诗海的《汉代屯田对西北农业发展的影响》(《青海社会科学》2002 年第 4 期）一文则从农作物的种类、生产工具和技术、水利灌溉等方面详细论述了汉代屯田对西北民族地区农业经济的促进作用。曾鹰的《论古代西部开发的兴衰及其借鉴意义》(《科学管理研究》2002 年第 5 期）概述了包括秦汉时期在内的古代西部开发的三次高潮，并总结了其历史经验教训。周娟的《浅论宋代以前古羌族的民族融合》(《青海民族研究》2003 年第 2 期）认为两汉时期羌族的发展各异。河湟地区在屯田的推动下，社会经济有很大发展，而西北大部分的羌人仍处于氏族社会阶段。

另外，研究西北区域历史的部分论文，也涉及两汉羌族政策，如陈新海的《西汉管理青海方略试探》(《青海民族研究》1996 年第 2 期），认为西汉的青海应是金城属国的属地，汉代的河湟地是羌人的聚居地，作者在文中分析了西汉首创属国制，汉武帝设置的护羌校尉，对维护羌与西汉的和平友好的关系有重要意义。作者的另一篇论文《试论东汉在青海地区的施政》(《青海社会科学》1997 年第 5 期），指出东汉在管理青海地区诸羌的政策上虽比西汉完善，但在具体操作过程中出现了偏差，致使好的政策未得到切实贯彻，反而酿成灾祸。王宗维的《汉朝对金城的开发与建设》(《兰州学刊》1988 年第 1 期），文中详述了两汉对金城的开发过程，分析了两汉在金城羌族的功过得失。周松的《两汉时期匈奴和羌在今兰州地区的活动述论》[《西北民族学院学报》(哲学社会科学版)1999 年第 1 期] 认为两汉时期从匈奴控制下解放出来的金城地区羌人，经济上向农业生产过渡，政治上多次结盟，不断进行反对汉政权的斗争。李宗放的《汉代羌人各部述论》[《西南民族学院学报》(哲学社会科学版）2001 年第 6 期] 收集了文献中可见的各部羌人名称，并对各部间的关系、分布、出现的时间及其简要事迹进行了论述。钱伯泉的《西域的羌族》(《西北史地》1984 年第 1 期）论述了西域羌族的概况。马国荣的《秦汉时期西域羌族、车师和月氏的社会生活》(《喀什师范学院学报》1996 年第 2 期）结合考古资料对秦汉时期西域羌人、车师和月氏的物质生产方式、物质生活和精神文化等方面做了探讨。彭措的《西北汉族河湟支系的形成及人文特征》[《青海民族学院学报》(社会科学版)1999 年第 4 期]

认为河湟地区在西汉后期已进入封建化的进程。杨东晨的《秦汉时期青海地区的民族和一文化》(《青海师专学报》2000年第2期)指出以游牧为生的西海地区的诸羌部落，在西汉设郡县后，到东汉时期，郡县的羌民大都成为汉族的一员。

关于内迁羌族的研究主要从民族融合的角度进行，也涉及这一问题，如顾颉刚的《从古籍中探索我国的西部民族——羌族》(《社会科学战线》1980年第1期)一文认为先秦时甘肃境内的羌人已进入半牧半农生产。敬东在《汉代河西四郡的少数民族》(《社会科学》1980年第4期)中认为数量庞大的河西羌族在汉人的影响下，大都从事农业生产。周锡银、刘志荣的《羌族在经济、文化、科技方面的贡献》(《西北民族学院学报》1994年第3期)概述了羌族在经济、文化、科技等方面的成就及其与中原的关系。黄正林、窦向军的《论唐代以前活动在陇东的少数民族及其与中原王朝的关系》(《西北史地》1999年第2期)认为秦汉时期居住于陇东的羌、匈奴等族进行的长期争夺，使陇东由中原王朝的边疆逐渐转化为内地，进而使陇东在秦汉时期就已形成了农牧兼营的经济格局。李吉和的《秦汉时期羌族的内徙与经济社会的变迁》[《中南民族学院学报》(人文社会科学版)2003年第2期]一文认为秦汉时期内徙的羌族，社会经济结构逐渐发生变化。吕名中的《试论汉魏西晋时期北方各族的内迁》(《历史研究》1965年第6期)比较详细地论述了汉魏西晋时期，包括羌族在内的北方各少数民族内迁的原因、经过及其影响。王宗维的《秦汉及其以前我国西北民族活动的特点》(《西域研究》1995年第3期)认为秦汉及以前我国西北民族大规模的由东向西迁徙活动对西北地区的认识、开发和经营，发挥了重要作用。陈勇的《东汉凉州"羌胡化"述论》(《何兹全先生八十五华诞纪念文集》，中国社会科学出版社，1997年版)指出东汉时期源源不断涌入凉州境内的塞外羌，对邻近的胡汉居民产生了巨大影响。王力的《两汉时期西羌内迁浅析》(《青海民族研究》2004年第 3 期）、《西羌内迁述论》（《贵州民族研究》2004 年第 4 期）以及王力与王希隆的《东汉时期羌族内迁探析》（《中国边疆史地研究》2007 年第 3 期）等三篇文章对两汉时期羌人内迁的论述甚为系统深入。张华的《浅析两汉时期羌族的内迁与管理》[《内蒙古农业大学学报》（社会科学版）2012 年第 5 期] 一文在对羌人内迁概况、原因论述的基础上，进一步总结了两汉王朝对羌族所实行的管理政策。王红的《论战国至魏晋北方民族融合中的观念意识》（《殷都学刊》1995 年第 1 期）则论述了内迁民族融合中的观念意识。陈玉屏的《秦汉以来中国南、北方民族融合进程的特点》[《西南民族学院学报》（哲学社会科学版）1998 年第 6 期] 讨论了南北民族融合的不同特点及其对民族分布格局的影响。杨华山的《论移民与民族融合》（《贵州社会科学》2003 年第 4 期）侧重探讨了中原与周边少数民族地区之间多途径、多方式的相互移民，在民族融合乃至中华民族形成中所发挥的重要的作用。王文光的《秦汉时期民族关系互动述论》（《思想战线》2004 年第 1 期）认为汉羌、汉匈等民族之间的冲突与融合，在总体上奠定了中国各民族的共同性和密切联系的基本历史格局。

关于两汉属国制的研究也与两汉羌族政策有关，特别是关于两汉金城属国的争论更是与两汉羌族政策密切相关的。如贾敬颜的《汉属国与属国都尉考》（《史学集刊》1982 年第 4 期），对汉代属国的建置和两汉属国做了考证，认为两汉都设置了专门管理羌族的金城属国。王宗维的《汉代的属国》（《文史》第 20 辑），对两汉时期设置的所有属国一一做了详细的盘点，也认为两汉时期都曾设置过金城属国。丁福林的《关于汉代属国的几个问题》[《苏州科技学院学报》（社会科学版）2003 年第 1 期] 一文认为汉代属国的始置应在汉文帝前元年间。赵明在《东汉对西羌长期作战的原因与教训》（《中国史研究》1994 年第 1 期）一文中，对王宗维东汉时期设置过金城属国的证据进行了有针对性的反驳。另外陈新海《西汉管理青海方略试探》（《青海民族研究》1996 年第 2 期），杨秀清《论东汉对羌族的政策》(《青海社会科学》1995 年第 5 期)，都在文中支持东汉无金城属国之说的，但都未说明证据。孙言诚在《秦汉的属邦和属国》(《史学月刊》1987 年第 2 期）中提出东汉属国郡县化的观点。彭建英在《东汉比郡属国非郡县化略论》(《民族研究》2000 年第 5 期）一文中，针对孙言诚的观点，提出东汉属国就其性质而言，与西汉时期的属国一样，并未实现郡县化。胡小鹏《两汉的金城属国和护羌校尉》[《西北史研究》第一辑（上)，兰州大学出版社，1997 年版] 指出，护羌校尉就是金城属国的属国都尉，它们不仅职责一致，都是领护西羌部落；而且品秩相同，都是比二千石；驻地也相同，护羌校尉治金城郡，初居令居塞（今兰州永登西北)；并且指出，护羌校尉设置的时间也就是金城属国都尉出现的时间，即汉宣帝神爵二年（公元前 60 年)，并不是汉武帝元鼎六年（公元前 111 年)。安梅梅、李晓东的《略论汉代对羌的多元民族管理建置》(《天水师范学院学报》2016 年第 4 期)，指出汉代对羌族的民族管理建置，最具特色的主要有三种，即属国、护羌校尉和道，并做了分析，同时指出汉朝政府对羌族实行的是不同于郡县制管理的多元民族管理建置，并做了比较。安梅梅的《汉代陇右的多元民族管理建置探析》[《宝鸡文理学院学报》(社会科学版）2021 年第 1 期]，文中提出汉在陇右地区实行属国、道和护羌校尉等多元民族管理建置，其具有各自不同的行政管理系统和不同的职责、权限，行政级别类似于郡县二级制。吴宏岐的《“护军”制起始时间考辨》(《中国史研究》1997 年第 4 期）认为秦汉时期的属国、道等是魏晋“护军”制度的渊源。

秦汉羁縻政策也与羌族政策相关，如杨永俊的《我国古代民族羁縻统治政策的变迁及其原因探究》(《西北史地》1999 年第 2 期）指出民族羁縻政策兴起于夏商周，发展成熟于汉唐宋，衰落变质于元明清。他认为秦汉属国制度使民族羁縻统治政策有了机构与制度的保证，这种制度适应当时内地中央政权与周边民族军事集团力量对比的现实。李根、张晓松的《羁縻制与少数民族政治行政制度》(《云南行政学院学报》2002年第1期)认为皇权统治下的羁縻制，是中国少数民族政治行政制度和中国政治行政管理制度历史发展的必然结果和可行选择，既有其灵活性，也有其历史局限性。李绍强的《论秦汉至明清时期的西部政策》(《齐鲁学刊》2002年第2期)认为秦汉的西部政策，是在军事行动之余，伴以安抚，形成了和平共处、各安生理的指导思想，并促成了其在政权设置、笼络上层及发展生产等方面一系列正确措施的实行。明月的《中国历史上有关民族事务的机构及其措施述略》(《内蒙古社会科学》2002年第4期)一文概述了中国历代封建王朝处理民族事务的机构和相应措施。方铁、张维的《论中国古代治边思想的特点、演变和影响》(《中国边疆史地研究》2003年第1期)总结古代治边思想的基本特点、演变和影响。刘瑞的《秦、西汉的"内臣"与"外臣"》(《民族研究》2003年第3期)一文对文献记载中处理民族关系时出现的"内臣"和"外臣"做了分析，归纳了他们与中央政权关系上的不同特点，并且认为"外臣"向"内臣"转化的直接动力是中央政权军事力量的壮大。

两汉的护羌校尉是两汉政府派往羌族地区羌族的重要官员，因此，对两汉护羌校尉的研究，其中也蕴含着两汉羌族政策的内容，如边章的《两汉的护羌校尉》[《西北师大学报》(社会科学版)1991年第1期]，文中提出了西汉护羌校尉设置的时间是汉宣帝神爵二年(公元前60年)说。李大龙的《东汉王朝护羌校尉考述》(《民族研究》1996年第2期)，文中对东汉34位护羌校尉一一做了考证。李大龙的《温序为东汉第一任护羌校尉考》[《西北民族学院学报》(哲学社会科学版)1996年第2期]，提出东汉护羌校尉首置于建武六年(公元30年)，而非建武九年(公元33年)，首任护羌校尉是温序。谢绍鹢的《两汉护羌校尉略考》(《人文杂志》2009年第1期)，对护羌校尉的职掌、级别地位、领有的军队(护羌校尉营)在史料中提到的军队构成和兵员数目做了考证。高荣的《汉代护羌校尉述论》(《中国边疆史地研究》1995年第3期),对两汉的护羌校尉的设置原因、职掌、性质和特点、作用和影响做了说明。荣宁《试论护羌校尉制度性质的变化》(《青海民族研究》1998年第2期),马兰州的《护羌校尉与金城属国》(《历史教学》2002年12期),文中进一步支持了边章的西汉护羌校尉设置的时间是汉宣帝神爵二年(公元前60年)说,并提出西汉的护羌校尉也就是金城属国的属国都尉。日本学者三崎良章的《五胡十六国与护羌校尉》(《文史哲》1993年第3期),文中提到了护羌校尉的渊源问题。刘国防的《西汉护羌校尉考述》(《中国边疆史地研究》2010年第3期),结合悬泉汉简对护羌校尉的设立过程进行了探索,认为护羌校尉的前身是汉政府临时派出的使者,宣帝神爵二年前后成了固定的官职,此文还对护羌校尉的职权进行了考证。丁树芳的《两汉护羌校尉研究述评》(《南都学坛》2014年第2期),提出护羌校尉与金城属国都尉在管辖对象和职权范围上完全不同,护羌使者可开幕府治事,证明此职带有很强的军事意义,其本官很可能是具有武官性质的校尉,认为还可从行政区划的角度分析护羌校尉的性质。马玉洁的《两汉护羌校尉府治所迁徙考述》(《哈尔滨师范大学社会科学学报》2016年第4期),指出自西汉创建护羌校尉府至东汉时期,其治所几度迁徙。具体而言,护羌校尉府经历五次迁徙,先后迁至狄道、安夷、临羌、张掖、令居等五座县城。并对今所在地一一做了考证。荣宁的《试论护羌校尉制度性质的变化》(《青海民族研究》1998年第2期),谢绍鹢的《两汉护羌校尉研究》(西北大学2007年硕士论文)厘清护羌校尉和金城属国都尉的关系,认为设有金城属国但没有任命金城属国都尉,护羌校尉并不是金城属国都尉,金城属国都尉的职权由护羌校尉和金城西部都尉兼理。

两汉时期对羌族的管理除属国制度、护羌校尉外,还有"道"的设置。汉道多承秦制这也是史学界的共识。但关于道制的源起和形成时间史学界存在很大的分歧，罗开玉在《论秦汉道制》(《民族研究》1987 年第 5 期）中认为秦道制创立于秦惠文王时期，道制入东汉后已有衰减趋势，至两晋南北朝便基本消失。张焯、张东刚的《秦“道”臆说——兼向罗开玉先生请教》(《民族研究》1989 年第 1 期）则对罗文的看法提出了质疑，认为秦汉道制渊源于道路开辟，应早于秦惠文王时期。曹学群的《县“有蛮夷曰道”质疑》(《求索》1996 年第 1 期）也认为秦道源于筑路置邑制度，但不是因当地有少数民族而来，东汉时已全部演变为县。杨建的《略论秦汉道制的演变》(《中国历史地理论丛》2001 年第 4 辑）认为道为秦国创设的与县平行的一级行政区，但随着郡县制的成熟，道在行政职能上与县逐渐融合，在职官设置、司法职能、居民管理等方面与县也渐趋一致。周伟洲的《关于秦汉地方行政体制中的“道”》(《陕西历史博物馆馆刊》第四辑，西北大学出版社，1997 年）则根据简牍资料和考古发现比较详细地考证了汉代“道”的数目及其建制，认为其属官设置与内地县相同。此外还有李克建的《秦汉时的“道”》[《西南民族大学学报》(人文社会科学版）1997 年第 1 期]。周伟洲、(日）间所香炽的《陕西出土与少数民族有关的古代印玺杂考》(《民族研究》2000 年第 2 期）对陕西境内出土的“率善羌仟长”等三十余方与少数民族有关的古代印玺进行了综合考述，对研究中国古代官制、民族关系等有拾遗补阙作用。

有关硕士毕业论文也对这一问题有所涉及，如王力的《两汉王朝与羌族关系研究》(西北师范大学 2005 年硕士论文），文章以民族学理论结合民族史料，使文献记载与考古、简牍资料相印证，从羌族内迁、两汉对羌族的管理以及羌族的反抗斗争等三个方面，探讨了两汉对羌族政策的差异及其原因。张士伟的《汉初民族思想与民族政策研究》(内蒙古大学 2005 年硕士论文），文章在前人研究汉初民族思想与政策的基础上，全面阐述汉初民族思想与政策的主要内容，同时从思想层面上分析民族政策制定执行的原因，以客观地认识汉初民族思想与民族政策在当时的作用及其对后世的影响。邝盛彦的《东汉民族政策研究》(苏州大学2008年硕士论文)从统治思想的变化，到军事变革、民族观念以及经济动荡等方面分析，阐述了东汉的民族政策对社会发展的影响。杨涛的《东汉以来内迁羌族在关中的分布研究》(延安大学2010年硕士论文)探讨了羌族民众内迁关中的过程及其在关中的分布情况，并探讨了羌族在关中文化方面的遗留。王靓的《出土文献所见两汉陇西郡研究》(西北师范大学2021年硕士论文)围绕汉代陇西郡乡里基层建置、汉代陇西郡基层民众的社会活动这两个方面来进行研究。王东岳的《两汉与羌民族关系研究》(陕西师范大学2016年硕士论文)论述了两汉与羌的民族关系、两汉王朝对羌族的治理政策，并对两汉的治羌得失进行了分析评价。

我国台湾学者也有一些很深入的相关研究，如李纪祥的《两汉御羌策略》(《简牍学报》第5期)、管东贵《汉代的羌族》[《食货》(复刊)1971年第1期和第2期]、管东贵《汉代处理羌族问题的办法的检讨》[《食货》(复刊)1972年第3期]等。论著如严耕望《中国地方行政制度史·甲部(秦汉地方行政制度)》(史语所专刊之四十五A，1961年)等，也有参考价值。

第二节　中华民族共同体视域下的两汉汉羌关系

一、历史文献中关于羌族的记载

羌族是我国众多民族中最古老的民族之一。从古到今，羌族人民不仅创造出自己独特的绚丽的文化，并且和其他民族相互融合，共同发展，为我们伟大的统一的多民族的国家做出了重要贡献。在长期的历史发展进程中，由于不同的背景和不同的条件，羌族中若干分支逐渐发展演变，现今的藏族、彝族、纳西族、基诺族、景颇族、哈尼族、傈僳族、普米族、独龙族、土家族和怒族等都与羌族有或多或少的关联，因此羌族史的研究在民族史研究中有着非常重要的地位。

在历史文献中,《诗经》《尚书》《左传》《竹书纪年》等都有关于羌族的零星记载。如《诗经·大雅·生民》中的“厥初生民，时维姜嫄”，《诗经·商颂·殷武》中的“昔有成汤，自彼氐羌，莫敢不来享，莫敢不来王，曰商是常”,《左传·哀公九年》中的“炎帝为火师，姜姓其后也”。又据《史记·周本纪》记载，周宣王“战于千亩，王师败绩于姜氏之戎”,《吕氏春秋·义赏》记载有“氐羌之民，其虏也，不忧其系累，而忧其死不焚也”,《墨子·节葬下》记载有秦之西有仪渠之国者，其亲戚死，聚柴薪而焚之。熏上谓之登遐，然后成为孝子”。这里的“姜嫄”“姜姓”“姜氏之戎”“仪渠”等均是指羌族。《说文解字》中说“羌，西戎，羊种也”。羌人的生活以牧羊为主。早在商代，羌人就与中原地区有所往来，正如《诗经·商颂·殷武》所言:“昔有成汤，自彼氐羌，莫敢不来享，莫敢不来王，曰商是常。”此外,《史记》中的《周本纪》《秦始皇本纪》《货殖列传》《匈奴列传》《大宛列传》《卫将军骠骑列传》等也偶尔提到羌。《汉书》中也有较多内容提到羌，其中《汉书·赵充国辛庆忌传》对于西汉尤其是宣帝时期羌与汉政府的关系有比较翔实具体的记载。《后汉书》对羌族历史的记载，堪称内容最丰富、史料最翔实。西羌之所以被历史学家称为西羌，首先从地理位置上看，羌人分布在华夏族的西边，故曰西羌,《后汉书·西羌传》说“西羌之本，出自三苗，姜姓之别也。其国近南岳。及舜流四凶，徙之三危，河关之西南羌地是也。滨于赐支，至乎河首，绵地千里。赐支者,《禹贡》所谓析支者也。南接蜀、汉徼外蛮夷，西北接鄯善、车师诸国”。另据《后汉书·西羌传》记载，周秦之际，羌人绵延不断。秦厉公时，羌豪无弋爰剑兴起于河湟之间，至其孙忍时，秦献公出击，“忍季父卬畏秦之威，率其种人附落向南发展”，后成了越西牦牛羌、广汉白马羌、武都参狼羌等部族。

而忍及其弟舞留湟中，忍生九种，舞生十七种，羌人得以兴盛。范晔详细论述羌族的历史和羌与汉的关系，把羌族创造的历史与汉民族历史糅合在一起，把羌族史看成中华民族史的一部分，这在以往的史学家中是比较少见的。

马长寿很早就指出有一部分羌民在东汉以前就已经居住在上郡、北地一带。① 黄烈第一个将古羌、西羌、东羌、后秦分别讨论，这对于进一步剖析先秦到秦汉羌人的流动和相互关系提供了科学的解读方式。他将羌族部落笼统划分为河湟羌和东羌。黄烈同时也指出，两汉以来，羌人除安置于陇西、金城等边羌郡县外，一部分被徙置到安定、北地、上郡等内地郡县，这就是东羌的来源。② 陈琳国对历史上“东羌”现象进一步分析，证明东羌是东汉时分布在朔方、上郡、北地、云中、五原、西河地区的羌人，他们早在先秦时期就移居于此，西羌则是分布在陇西、汉阳西及金城地区的羌人。后来进入东羌聚居地的西羌融入了东羌，而内迁入关中者，则仍为西羌。③ 这就为学术界聚讼多年的东、西羌问题做出了概念上的明确和深化。

二、两汉时期羌族的活动范围及社会状况

（一）河湟羌

范晔《后汉书》卷八十七《西羌传》开篇明义，道出羌族古老的历史：“西羌之本，出自三苗，姜姓之别也。其国近南岳。及舜流四凶，徙之三危，河关之西南羌地是也。……其俗氏族无定，或以父名母姓为种号。”范晔首先提出族源这个复杂而重要的问题。但现在已时过境迁，缺

① 马长寿．氐与羌[M]．上海：上海人民出版社，1984：105.

② 黄烈．中国古代民族史研究[M]．北京：人民出版社，1987：88.

③ 陈琳国．东羌与西羌辨析[J]．史学月刊，2008（4）：31-37.

乏可靠的旁证，加上记载简略概括，因而人们关于羌族的起源争议很大。根据对《后汉书》的分析，丁骕在《史上羌民之记载分析》中指出，羌人实为我国西部之民，分布遍青、甘、康、藏、新五省高原地带；也有人认为，羌族发源于青藏高原最高地，他们最先驯养野牛成牦，培育麦种，凿造玉器等，在上古年代，羌族已具有远远优越于亚欧其他民族的文化，包括黄河流域的华夏在内，都要落后于羌族几万年；[①] 还有人认为，羌族发源于甘青地区。[②] 尽管人们存有争议，但对于羌族发源于西部之说都是肯定的。同时，范晔注意到羌族有许多种号，各种号即各支祖先又有不同，也就是羌族族源并不是单一的，具有多元性。这点，经过后人严谨细致的调查，已经得到证实。[③]

从无弋爰剑始，羌人的社会组织发生了划时代的变化，爰剑在河湟间取得羌民的信任，被推为河湟羌人的首领后，他的子孙相继成了羌人的首领，这就是史书上所说的“世世为豪”[④]，其父系世袭系统已很明显，在父系氏族部落中出现了种姓家支统治制度。所谓种姓家支制度，就是在同一种姓部落中，诸子诸孙都有统治的继承权，从而支分为若干种落，这是与封建社会中长子继承制或兄终弟及制的最大区别。自爰剑后，子孙支分为150种，到汉代，支系分解基本稳定，出现了史书所载的20多个较大的种姓部落。从无弋爰剑发展而来的羌族各部通常称为“河湟诸羌”，指的就是居住于今甘肃、青海境内黄河及其支流湟水一带的羌人，汉王朝统称河湟诸羌为“西羌”。西羌的名称在西汉已出现于史籍中，而东羌到东汉始见诸记载。西羌系泛指居于西陲的羌人，因其居于陇西、金城塞外，故也称塞外羌。东汉出现东西羌之分，西羌的原有概念也有

① 任乃强．羌族源流探索[M]．重庆：重庆出版社，1984：47.

② 雍继荣．羌族族源研究回顾与展望[J]．中国史研究动态，1989（10）：6-12.

③ 马长寿．氐与羌[M]．上海：上海人民出版社，1984：81-82.

④ 范晔．后汉书[M]．北京：中华书局，1965：2875.

了改变。胡三省在解释东西羌时说："羌居安定、北地、上郡、西河者，谓之东羌；居陇西、汉阳，延及金城塞外者，谓之西羌。"[①] 黄烈认为胡氏把居于陇西、汉阳的羌人与居于安定、北地、上郡的羌人分为东西羌是没有多大道理的，事实上也难于区分。范晔在《后汉书·西羌传》中，虽没有对东西羌加以介说，但从其行文叙事来看，西羌仍指原来意义上的西羌，而东羌则系指被内徙的羌人，这样的区分是比较合理的。[②] 马长寿在这个问题上认为"讲汉羌关系史，有一个重要的前提，就是汉代的西羌地区已经划入当时中国政治疆域之内，西羌和东羌人民早已成为中华民族的主要组成部分"[③]。

在河湟羌的种姓部落里，首领与部民最初是自由结合，后来形成了固定关系，部民必须随其首领行动，其社会组织"不立君臣，无相长一，强则分种为酋豪，弱则为人附落，更相抄暴，以力为雄。杀人偿死，无它禁令"[④]。由此可以看出：汉代羌族正处在原始社会和阶级社会的过渡阶段，血族共同体的外壳仍然保存着，血族制度的机关正逐渐转化为羌豪用以压迫本部羌民和掠夺外部人口、财富的工具。

大量事实还证明，在氏族混战和财富的掠夺过程中，羌族阶级分化已经产生。到秦厉公时，甘青地区的羌人已有奴隶的存在，"羌人谓奴为无弋，以爰剑尝为奴隶，故因名之"[⑤]。奴隶的来源，一方面是羌人自身阶级分化形成的名叫"臧""获"的奴隶，"羌人以婢为妻，生子曰获；奴以善人为妻，生子曰臧"，可见，凡是与奴、婢有血缘关系的人及其子孙均被沦为奴隶。另一方面，奴隶来自掠虏汉人为奴，如东汉永初四年（公元 117 年），仅狼莫战败后"所掠男女"就达"千余人"。不仅如此，

① 《资治通鉴》卷五十二顺帝永和六年正月丙子条胡注。
② 黄烈．中国古代民族史研究 [M]. 北京：人民出版社，1987：87.
③ 马长寿．氐与羌 [M]. 桂林：广西师范大学出版社，2006：99.
④ 范晔．后汉书 [M]. 北京：中华书局，1965：2869.
⑤ 范晔．后汉书 [M]. 北京：中华书局，1965：2875.

东汉时期，徙居内地的先零羌滇零自称天子于北地，这一政权虽然不久就被东汉王朝所颠覆，但它的建立，至少意味着羌族已跨入奴隶社会的大门了。但羌民各部落发展是不平衡的，西北地区的大部分羌民仍处于氏族社会阶段，至汉末始终没有形成统一政权。

在社会经济方面，羌人“所居无常，依随水草。地少五谷，以产牧为业”[①]。爰剑教导羌民耕种，羌人开始发展农业。两汉时期，朝廷为稳定边疆，多次大规模徙民实边，并在边地实行屯田。西汉时，赵充国、冯奉世先后屯田，以解决军粮问题。东汉政府继续在边地屯田，招抚羌民，发展生产。马援曾经招还因战乱离乡的羌、汉民三千余人回乡，帮助他们重整家园，恢复生产。曹凤在西海附近广设屯田，上官鸿、侯霸先后屯田三十四部。在中原的影响下，羌民经济发展起来，“居山田畜”并逐渐东移，“欲归故地，就田业”[②]，开始种植小麦和其他谷物。汉民迁到边郡的同时，也带去了先进的生产技术和劳动工具，其中著名的“代田法”就主要在边地及关中一带推行。随着社会的发展，羌族地区出现了“沃野千里，谷稼殷积”的繁荣景象。

在汉代，尽管西羌在农业生产上有了一定程度的发展，但畜牧业在其经济中仍居于重要地位，其所占比重超过农业。牲畜种类主要是马、牛、羊、驴、骡等，这些牲畜既是羌人的生产工具、运输工具，又是他们主要的衣食之源。《后汉书》记载汉羌战争，经常提到的战果是掠得羌人数量巨大的牲畜，如：永元十年（公元 98 年），聂尚击败迷唐羌，得牛、马、羊万余头；永初七年（公元 113 年），马贤、侯霸掩击牢羌于安定，掠得驴、骡、骆驼、马、牛、羊二万头；元初三年（公元 116 年），任尚击零昌，得牛、马、羊二万头；“凡百八十战，斩三万八千六百余级，

① 范晔．后汉书 [M]. 北京：中华书局，1965：2869.

② 范晔．后汉书 [M]. 北京：中华书局，1965：610.

获牛马羊骡驴骆驼四十二万七千五百余头”[①]。从这些记载中可以看出羌民饲养的牲畜数量之大和种类之多。以上事实说明，畜牧是羌族的主要财富，牧业在其经济生活中的重要性胜过农业是毫无疑问的，这与出土的简牍相互印证。

羌人与周边地区的贸易，史书也有记载。史称东汉初年，“天下扰乱，惟河西独安，而姑臧称为富邑，通货羌胡，市日四合，每居县者，不盈数月辄致丰积”[②]。这里提到的商人短时间内即因“通货羌胡”而发财，可见羌族与汉人贸易规模之大。在其他汉羌接壤的交通要道之处，都有关市之设，羌人用畜产品和汉商交换布、茶、粮食及非铁铜的手工业制品，有时甚至用璧玉、珊瑚、琉璃和汉人交换黄金、丝织品。这与出土的简牍也相互印证。

这些稀罕之物多产在南方或西域，表明羌人与西南夷及西域地区也有交换关系。关于西羌的居住、衣服、饮食，文献记载极为零碎。羌民居塞内者，其居都是土屋，在塞外者多为庐帐。据《后汉书》卷十六《邓训传》记载，“掩击迷唐庐落大豪，多所斩获”；卷八十七《西羌传》记载，司徒掾班彪曰“今凉州部皆有降羌，羌胡被发左衽，而与汉人杂处”[③]。

总之，两汉时期西羌受到汉族先进文化的影响，无论是社会形态，还是在社会经济、文化方面都有不同程度的发展。

（二）天山南路诸羌

《汉书》卷九十六《西域传》记载：“出阳关，自近者始，曰婼羌。婼羌国王号去胡来王。去阳关千八百里，去长安六千三百里，辟在西南，

① 范晔．后汉书[M]．北京：中华书局，1965：2153.
② 范晔．后汉书[M]．北京：中华书局，1965：1098.
③ 范晔．后汉书[M]．北京：中华书局，1965：2878.

不当孔道。户四百五十，口千七百五十，胜兵者五百人。西与且末接。随畜逐水草，不田作，仰鄯善、且末谷。山有铁，自作兵，兵有弓、矛、服刀、剑、甲。西北至鄯善，乃当道云。”婼羌因其人口稀少，又不在交通要道，所以不为一般人重视。其实，汉朝政府对婼羌相当重视，《汉书》卷七十三《韦贤传》记王舜、刘歆议宗庙制说：“孝武皇帝愍中国罢劳，无安宁之时，……西伐大宛，并三十六国，结乌孙，起敦煌、酒泉、张掖，以鬲婼羌，裂匈奴之右臂。”在汉通西域之前，婼羌受匈奴役属，与其结盟，后背弃匈奴，归附汉朝，对于汉“断匈奴右臂”有举足轻重的作用，因之，汉廷封其首领为“去胡来王”。上文“山有铁，自作兵，兵有弓、矛、服刀、剑、甲”，说明婼羌早知用铁的兵器，武器手工业是发达的。

婼羌的疆域相当广阔，据《汉书·西域传》记载，小宛国“东与婼羌接，辟南不当道”，戎庐国“东与小宛、南与婼羌、西与渠勒接，辟南不当道”，渠勒国“东与戎庐、西与婼羌、北与扜弥接”，于阗国“南与婼羌接，北与姑墨接”，难兜国“南与婼羌、北与休循、西与大月氏接”。从《汉书·西域传》可知，小宛以东、戎庐以南、渠勒以西、于阗以南、难兜以南都是婼羌之地，则婼羌的区域包括阿尔金山、昆仑山、喀喇昆仑山，并跨越葱岭，东西绵延两千余公里，其范围实在辽远广大。但是如上所述，据《汉书·西域传》载，婼羌“户四百五十，口千七百五十”，如此少的人口，与如此广阔的地域实在不相称，可能《汉书》所说的人口，并非整个婼羌，仅仅指其首府而言。在两汉时期，阿尔金山、昆仑山、喀喇昆仑山和帕米尔高原一带有众多的羌人游牧部落，总称为婼羌，属于西域都护府管辖。除婼羌外，在葱岭以东，于阗南山以西，还有西夜、蒲犁、依耐、无雷诸国，“其种类羌氐行国，随畜逐水草往来”。

1954年，在新疆塔里木盆地北沿沙雅县的于什格提遗址出土了一枚“汉归义羌长”印，[①] 这是汉王朝赐给某一羌人酋长的印信，据肖之兴分析，具有以下的意义。首先，对于羌族的封号，西汉时期有“羌”字，东汉时期则无，所以，“汉归义羌长”可能属于西汉时期。其次，汉代史书未提到西域其他地区有羌人分布，这枚官印在塔里木盆地北部出土，说明汉代此一地区有羌族存在。对于西汉在经营西域的策略上已经将羌族纳入西域的体系，是一个新的发现，同时也证明羌族当时在西域有其影响力，而为汉朝所结纳。[②]

东汉时西域仍有不少羌人，现今尚存于新疆拜城县的东汉桓帝永寿四年（公元158年）“刘平国治关亭颂”刻石刻载：“龟兹左将军刘平国，以七月廿六日发家，从秦人温伯山、狄虎贲、赵当卑、夏羌、石当卑、程阿羌等六人，共来作列亭。”其中的夏羌、程阿羌应系羌人。[③]

清代末年，英国人斯坦因在新疆考古，曾在罗布泊南古城遗址中得到若干竹简与纸片，其中有一羌女书简——“羌女白：取别之后，便尔西迈。相见无缘，书问疏简。每念兹对，不含心怀，情用劳结。仓卒复致消息，不能别有书裁，因数字值信复表。马羌。”[④] 其时代约为三国至前凉。末置“马羌”，当与白马羌有联系，正可以与《魏略》所记相印证。《魏略》有更为明确而具体的记录：“敦煌西西域之南山中，从婼羌西至葱岭数千里，有月氏余种葱茈羌、白马羌、黄牛羌，各有酋豪，北与诸国接，不知其道里广狭。”[⑤] 羌女书简文字优雅，写作水平较高，无论是出于羌女本人，或是由汉人代笔，都表明天山南路诸羌与汉人在经济文化诸方面有着密切的联系和交往，深受汉文化的影响。

① 新疆维吾尔自治区博物馆．新疆历史文物[M]. 北京：文物出版社，1978：36.

② 肖之兴．试释“汉归义羌长”印[J]. 文物，1976（7）：86.

③ 冉光荣，李绍明，周锡银.羌族史[M]. 成都：四川民族出版社，1985：87.

④ 罗振玉．流沙坠简[M]. 北京：朝华出版社，2017：27.

⑤ 陈寿．三国志[M]. 北京：中华书局，1959：859.

（三）西南地区的羌人

西南地区也广泛分布有羌人，一般认为四川西北部的羌人在先秦时期陆续由西羌迁入，主要有白马羌、冉羌、青衣羌和牦牛羌等。马长寿认为羌族分布在河西走廊之南，洮、岷二州之西，先秦时期分几次进入中原。战国后期，河湟地区羌人分成三支：一支为越嶲羌，在汉代越嶲郡，大渡河南边的则称为牦牛种；一支为广汉羌，在汉代广汉郡，后移居到广汉郡西北，称为白马种；一支为武都羌，在汉代武都郡的西部，称为参狼种。参狼种羌的后裔就是北朝时的宕昌羌。而白马羌则是在汉代以前就从黄河上游的赐支河曲迁徙至岷江上游的，有可能就是茂汶羌民的祖先。[①]

此外，在四川理县桃坪乡佳山寨战国晚期石棺葬墓出土的“柳叶形短剑”，为青铜质，剑体鼓、扁、薄而两面微隆，无剑格，身茎之间亦无明显分界，茎前后各有一小圆穿。剑长 23.4 厘米，剑身刃宽 1.27 厘米，后部宽 3 厘米，茎前宽 2.1 厘米，尾宽 1.4 厘米。[②] 特别不能忽视的是，出土文物中有战国末期至西汉早期的陶器，陶器上带有阴文或阳文的刻画符号，还有清晰的汉字如“朱帝”“李”“姑可”“之”“申”“十”“七”“亭”“市”等。据此不难推断，秦汉时期的西川羌区已经受到中央王朝的深刻影响。徐学书在《岷江上游石棺葬文化综述》中指出，不仅各类器物和生产工具的制作工艺受到影响，更主要的是用货币进行生产生活资料的交换已在这一地区广泛存在，至少是在上层统治阶级，已经深习中央王朝的礼仪制度和文书，能够较为熟练地使用汉字。何永斌认为，处于这一地区的羌族人民，也不可避免地受到这种社会现实的影响。而这样的推断，又与史籍记载的秦汉时期中央

① 马长寿．氐与羌[M]. 桂林：广西师范大学出版社，2006：174.

② 阿坝藏族羌族自治州地方志编纂委员会．阿坝藏族羌族自治州志[M]. 北京：民族出版社，1994：251.

王朝已经开始对这一地区进行实质性统治是一致的。[①]

三、从出土简牍看两汉时期羌族的族群及汉羌关系

（一）从出土简牍看两汉时期羌族的种群

关于汉代羌族的部族情况，《汉书》《后汉书》等史籍有所记载。在《汉书》中，《赵充国辛庆忌传》提到的有幵、狼何、黄羝羌，《西域传》提到的有婼羌。在《后汉书》中，《西羌传》提到的有先零、卑湳、参狼、白马、牦牛、烧当、烧何、当煎、巩唐、罕、勒姐、牢姐、累姐、彡姐、零吾、乌吾、滇那、滇零、虔人、吾良、沈氐、钟、且冻、傅难、全无种、当阗、牢、封养、东、发、唐旄、大牂夷种羌等，《西南夷传》提到的有白狼、槃木、唐菆羌等。《三国志·魏书·乌丸鲜卑东夷传》注引《魏略·西戎传》提到的有葱茈、黄牛羌等。

在20世纪出土的简牍文献中，特别是在悬泉汉简中，有一些与羌族相关的简文，记载了羌族的一些部族，有的史有所载，有的史籍未见，对这些部族的探讨，有助于认识汉代河西羌族的部族状况。

1. 牢羌与琅何羌

简1 敦煌太守快使守属充国送牢羌、□□羌候人十二。神爵二年十一月癸卯朔……琅何羌□□彊藏□□□行在所，以令为驾二乘传，十一月辛未皆罢。当舍传舍，从者如律令。(《敦煌悬泉汉简释粹》，

① 何永斌．西川羌族特殊载体档案史料研究［M］．成都：巴蜀书社，2009：193.

Ⅰ 0210③：6）[1][2]

这枚简文涉及两件事：第一件事是敦煌太守快于神爵二年（公元前60年）十一月派“守属充国送牢羌、□□羌侯”一事；第二件事是关于琅何羌的事，相关人员可以“驾二乘传”“当舍传舍”。这两件事涉及羌族事务，其中有两个羌人部族：牢羌和琅何羌。[3]

关于牢羌，据《后汉书·西羌传》记载，永初七年（公元113年）夏，“骑都尉马贤与侯霸掩击零昌别部牢羌于安定，首虏千人，得驴骡骆驼马牛羊二万余头，以畀得者”[4]。

永初为东汉安帝年号，安帝永初年间，由于地方徭役的沉重，以及征发羌人征西域事件，导致羌人大规模反叛，特别是先零别种滇零与钟羌诸种大为寇略，汉遣车骑将军邓骘、征西校尉任尚征西羌，出师不利，羌人大胜，并向东发展。《后汉书·西羌传》载，参与这次叛乱的牢羌为零昌别部，而零昌为滇零之子，滇零又为先零别种，由此可知牢羌原是先零的一支，在西汉神爵年间即与汉王朝相交往。“敦煌太守快使守属充国送牢羌”，则西汉时牢羌已在河西有相关活动，并且受到敦煌太守的管理。琅何，应指狼何。关于狼何羌，《汉书·赵充国辛庆忌传》中有如下记载：“元康三年，先零遂与诸羌种豪二百余人解仇交质盟诅……后月余，羌侯狼何果遣使至匈奴借兵，欲击鄯善、敦煌以绝汉道。充国以为：‘狼

① 胡平生，张德芳．敦煌悬泉汉简释粹[M].上海：上海古籍出版社，2001：162.

② 简文后符号含义说明：在每条简文后，用圆括弧注出出土探方、层位和整理编号，如（Ⅱ0114①:404）。罗马字母代表发掘出土的区位。悬泉置遗址发掘时共分Ⅰ、Ⅱ、Ⅲ、Ⅳ、Ⅴ五个区位。在原简编号中，区位号之后有90、91、92和DXT字样，前者表示发掘年份，后者是敦煌悬泉探方的汉语拼音字头。本书中此处省略。在上述示例中，“0114”为探方号，“①”为层位号，“404”为该层位出土简牍的编号，其他可依此类推。零星采集的非发掘出土的区域简，先标注采集年份，再以“C”字标出，如（87—89 C：11），表示1987—1989年间采集，“11”为编号。

③ 马智全．从出土汉简看汉代羌族部族[J].丝绸之路，2011（6）：5-8.

④ 范晔．后汉书[M].北京：中华书局，1965：2888.

何，小月氏种，在阳关西南，势不能独造此计，疑匈奴使已至羌中，先零、罕、幵乃解仇作约。到秋马肥，变必起矣。宜遣使者行边兵豫为备，敕视诸羌，毋令解仇，以发觉其谋。'"[①]

此处指明了狼何羌的活动范围在阳关西南，即祁连山与昆仑山北麓，所以有"欲击鄯善、敦煌以绝汉道"的打算。赵充国平定西羌之事在神爵元年（公元前61年），至神爵二年（公元前60年）五月，赵充国已"振旅而还"。此简所记为神爵二年十一月敦煌太守移书证狼何羌乘二乘传，可见狼何羌与汉的关系已正常。至于史书称"狼何"，而简文为"琅何"，可能史书是贬称，当时的正式称号应是"琅何"。[②]

2. 罕羌

简2　出粟一斗八升，以食守属萧嘉送西罕侯封调，积六食，食三升。(《敦煌悬泉汉简释粹》，Ⅱ 0111①：174）

这是一份粮食出入簿，记载了守属萧嘉与西罕侯封调二人食粮状况，积六食，则一人三食。

西罕侯封调，从人物名称"封调"和"西罕侯"考虑，可能是罕羌的记录。《后汉书·西羌传》中羌人名字中有"封"的有先零羌封何、羌封僇、封养种、钟羌良封、效功种号封等。羌人以"雕"为名者，如幵豪雕库、全无种羌雕何等。因此，"封调"应是羌人名称。

罕羌在东汉羌人反叛中也曾出现，永和六年（公元141年），"罕种羌千余寇北地，北地太守贾福与赵冲击之，不利。秋，诸种八九千骑寇武威，凉部震恐。……汉安元年，以赵冲为护羌校尉。冲招怀叛羌，罕种乃率邑落五千余户诣冲降。于是罢张乔军屯"[③]。可见东汉时罕羌活动范围大为扩大，向东扩展至北地，向西扩展至武威，而且人员有五千余

① 班固．汉书[M]．北京：中华书局，1962：2975.

② 马智全．从出土汉简看汉代羌族部族[J]．丝绸之路，2011（6）：5-8.

③ 范晔．后汉书[M]．北京：中华书局，1965：2896.

户，是羌族的重要部族之一。

3. 印羌

简 3 □小月氏、印羌人（《居延汉简释文合校》，387·1）

关于此简中“羌”字前一字的释文，由于简文残断，各家所释不同，《居延汉简甲乙编》作“仰”[①]，《居延汉简释文合校》作“柳”[②]。《居延汉简释文合校》的释文，可能是从简文残缺的状况推断的，从简形来看，如参考“羌”字左半残断的状况加以推断，也是可取的。只就字形来看，此简可能与印羌有关。关于印羌，《后汉书·西羌传》记载：秦献公时，“忍季父卬畏秦之威，将其种人附落而南，出赐支河曲西数千里，与众羌绝远，不复交通。其后子孙分别各自为种，任随所之。或为牦牛种，越巂羌是也；或为白马种，广汉羌是也；或为参狼种，武都羌是也。”可见印羌主要生活在赐支河曲（今青海贵德县西，共和县之龙羊峡）一带，而小月氏则生活在祁连山一带。《汉书·西域传》记载：“（月氏）本居敦煌、祁连间，至冒顿单于攻破月氏，而老上单于杀月氏，以其头为饮器，月氏乃远去，过大宛，西击大夏而臣之，都妫水北为王庭。其余小众不能去者，保南山羌，号小月氏。”因此小月氏与羌人密切相关。《后汉书·西羌传》也说：“湟中月氏胡，其先大月氏之别也，旧在张掖、酒泉地。月氏王为匈奴冒顿所杀，余种分散，西逾葱岭。其羸弱者南入山阻，依诸羌居止，遂与共婚姻。及骠骑将军霍去病破匈奴，取西河地，开湟中，于是月氏来降，与汉人错居。虽依附县官，而首施两端。其从汉兵战斗，随势强弱。被服饮食言语略与羌同，亦以父名母姓为种。其大种有七，胜兵合九千余人，分在湟中及令居。又数百户在张掖，号曰义从胡。中平元年，与北宫伯玉等反，杀护羌校尉泠征、金城太守陈懿，遂

① 中国社会科学院考古研究所．居延汉简甲乙编[M]．北京：中华书局，1980：233.

② 谢桂华，李均明，朱国炤．居延汉简释文合校[M]．北京：文物出版社，1987：173.

寇乱陇右焉。"[1] 可见，小月氏与南山羌人的活动密切相关。王宗伟在《两汉西羌部落考》中指出，居延汉简中出现的小月氏与印羌人，可能是从祁连山进入河西的一部分遗民。

这枚简文中将小月氏与羌人并列，反映了汉代河西羌族的特点。以上牢羌、琅何羌、罕羌、印羌等都是史籍上所见的羌人种族，简文所载内容使我们看到了其在敦煌一带的活动情况，也丰富了我们对这些羌人部族的认识。[2]

4. 聊羌、坴羌

简 4 归义坴渠归种羌男子奴葛（《敦煌悬泉汉简释粹》，Ⅱ 0114②：180）

简 5 归义聊榼良种羌男子芒东（《敦煌悬泉汉简释粹》，Ⅱ 0114②：181）

简 6 归义坴甬种羌男子潘朐（《敦煌悬泉汉简释粹》，Ⅱ 0114③：423）

简 7 归义坴卜茈种羌男子狼颠（《敦煌悬泉汉简释粹》，Ⅱ 0114③：459）

简 8 归义聊藏耶茈种羌男子东怜（《敦煌悬泉汉简释粹》，Ⅱ 0214①：1）

简 9 归义聊卑为茈种羌男子唐尧（《敦煌悬泉汉简释粹》，Ⅱ 0214①：2）

简 10 归义聊卑为茈种羌男子蹏当（《敦煌悬泉汉简释粹》，Ⅱ 0214①：3）

简 11 归义坴卜茈种羌男子封芒（《敦煌悬泉汉简释粹》，Ⅱ 0214①：4）

简 12 归义榼良种羌男子落蹏（《敦煌悬泉汉简释粹》，Ⅱ 0214①：5）

① 范晔 . 后汉书 [M]. 北京：中华书局，1965：2899.

② 马智全 . 从出土汉简看汉代羌族部族 [J]. 丝绸之路，2011（6）：5-8.

简 13 □右榼良种五人（《敦煌悬泉汉简释粹》，Ⅱ T0214 ①：6）

简 14 渊泉归义垒羌龙耶种男子干芒自言：今年九月中□……（《敦煌悬泉汉简释粹》，Ⅱ 0214 ②：195）

简 15 归义聊羌王使者男子初元五年七月□□余输皆奉献诣仁行长史事□□乘传当舍传舍（《悬泉汉简研究》，Ⅴ 1210 ④：3）[①]

以上简文，前十枚是名册，后两枚是文书，名册的前九简结构一致。简 4 至简 13 呈现了是一份完整的归义羌人名籍简册。此名籍册说明，汉朝政府对归附的羌人实行了严格管理，羌人男子都要登记造册。这样做是为了对羌人征发徭役，为政府提供劳动力和兵员。羌人归附汉朝以后，汉廷仍以王、侯领其部众，为汉朝保塞蛮夷，或从军随征，或为汉守边。

据张德芳先生言，同层所出的纪年简主要是成帝河平以后的，该简册应为西汉晚期遗物，是宣帝、元帝两朝羌人反叛起义被朝廷镇压安抚之后的文书。《敦煌悬泉汉简释粹》认为，从所记内容、简文书法风格及简札形式看，可能是一个简册，只是全文尚有缺简，并非仅此十简。[②] 据出土层位，简牍时代应在西汉中晚期。

值得注意的是，简册中登记的都是男子，或许因为羌人社会以男丁为家庭庐落和种姓社会之中心，一成年男子即一户的缘故。对归降种羌男子登记造册，就是掌握和控制其种人口，简册证明汉代敦煌郡对境内的归义羌人已实施有效的管理。根据敦煌悬泉汉简有关羌人活动的记载，居于河西走廊的羌人数量不小。[③]

另外，我国还出土了汉归义羌侯印，此印出土于甘肃定西通渭县的鹿轳川，据《陇右金石录》记载，于民国十五年（1926 年）当地民众掘土的时候被发现，印上刻有“汉归义羌侯印”六字。另据记载，1953 年，

① 张德芳 . 悬泉汉简羌族资料 [M] // 郝树声，张德芳 . 悬泉汉简研究 . 兰州：甘肃文化出版社，2009：171.

② 胡平生，张德芳 . 敦煌悬泉汉简释粹 [M]. 上海：上海古籍出版社，2001：166.

③ 杨芳 . 汉简所见汉代河西边郡人口来源考 [J]. 敦煌研究，2010（3）：78-85.

在新疆塔里木盆地北沿沙雅县的于什格提遗址出土了一枚汉归义羌长印。[①] 关于“归义”一词，《史记》载“远方当来归义”[②]，归义的对象是少数民族，也就是内迁的各少数民族来归隶属于汉朝，而后汉赐以金印、紫绶、钱帛给少数民族，在汉政府对少数民族的管理中，册封周边民族的体系为“王侯（邑）君长”，“归义羌侯”“归义羌长”是此体系中的重要环节。[③]

神爵二年（公元前60年）秋平定西羌叛乱后，汉政府乃“封若零、弟泽二人为帅众王，离留、且种二人为侯，儿库为君，阳雕为言兵侯，良儿为君，靡忘为献牛君”[④]。敦煌悬泉汉简中有“归义聊羌王”“羌王唐调”“西罕侯封调”“羌王索卢”等，足见西汉“揃循和辑”的对羌民族政策，在河西归义羌人中也得以贯彻执行。[⑤]

5. 刘危种

简16 移护羌使者移刘危种南归责藏耶茈种零虞马一匹、黄金耳县青碧一，会月十五日，已言决。(《敦煌悬泉汉简释粹》，Ⅱ 0112①：B：63)

简16是护羌使者要求解决羌人之间财产争议的一件文书，即一封移书，移书是古代不同机构之间通报情况的一种文书。此为护羌使者移与相关人员解决经济纠纷的文书。“责”通“债”，索求负家偿物。“黄金耳（珥）县（悬）青碧”是一种饰物。“耳”通“珥”，耳饰物。“县”通“悬”，悬挂之意。青碧，青色玉石。因此，这件文书所涉及的事件是刘危种的南归向藏耶茈种的零虞索取所欠的一匹马和一件黄金珥悬青碧的饰物，要求相关人员于“月十五日”相会，就这一问题予以解决。汉代边塞的欠债事务有地方管理机构予以解决，这在居延汉简中屡见。而羌人的欠

① 新疆维吾尔自治区博物馆．新疆历史文物[M]．北京：文物出版社，1977：36.
② 司马迁．史记[M]．北京：中华书局，1959：3207.
③ 王靓．出土文献所见两汉陇西郡研究[D]．兰州：西北师范大学，2021.
④ 班固．汉书[M]．北京：中华书局，1962：2992.
⑤ 高荣．敦煌悬泉汉简所见河西的羌人[J]．社会科学战线，2010（10）：100-106.

债事务由护羌使者来管理，丰富了我们对护羌使者事务的认识。①

简 16 涉及两个部族：一个是刘危种，另一个是藏耶茈种。藏耶茈种，参考简 8，应是聊羌的一种，而刘危种则为新的一个种族。参考简 4 至简 16，聊藏耶茈种羌、聊卑为茈种羌、聊榼良种羌、垒卜茈种羌、垒渠归种羌、垒甬种羌、垒龙耶种羌、刘危种，它们可补文献记载之不足。更重要的是，它们印证了《后汉书·西羌传》所说的羌族种落析分的特点。②

6. 唐调羌

简 17 唐调羌（《简帛研究二〇〇一》，Ⅱ 1005 ①：2）③

这也应是羌族种族名。《后汉书·西羌传》有迷唐、巩唐等羌族种族名，以“雕”为名的有雕库、雕何等名称，因此，唐调羌也应是羌族部族名，可惜此简过残，其详情不知。另外，在出土文书里有一些羌族种落名称，其中有的是史书所未曾见到的。

7. 马羌

简 18 羌女白：取别之后，便尔西迈。相见无缘，书问疏简。每念兹对，不舍心怀，情用劳结。仓卒复致消息，不能别有书裁，因数字值信复表。马羌。（《楼兰尼雅出土文书》，第 24 号）

简 18 是一份书信，书信最后的“马羌”应是羌人部落名称。顾颉刚认为马羌“当是白马羌之一族”④。

（二）从出土简牍看两汉时期的汉羌关系

汉代传统文献记载了很多归附汉朝的羌人所受奴役，在出土简牍中得到事实佐证。

---

① 马智全．从出土汉简看汉代羌族部族 [J]. 丝绸之路，2011（6）：5-8.

② 汪桂海．从出土资料谈汉代羌族史的两个问题 [J]. 西域研究，2010（2）：1-7+122.

③ 张德芳．悬泉汉简羌族资料辑考 [M]. 简帛研究二〇〇一．桂林：广西师范大学出版社，2001：368.

④ 顾颉刚．史林杂识初编 [M]// 李学勤，谢桂华．北京：中华书局，1963：73.

简 19 二，收羌大婢五人□□杀日系西（《敦煌悬泉汉简释粹》，Ⅱ 0214 ②：640）

简 20 多者五十，少者廿日，羌徒（《敦煌悬泉汉简释粹》，Ⅰ 0109S：94）

简 21 庚申，羌人六人作。辛丑，左尉伟功至置。啬夫至置。辛未，在。使马子都转粟十六石之泽上。庚子……（《敦煌悬泉汉简释粹》，Ⅱ 0114 ③：606）

简 22 元延二年二月乙卯，鱼离置羌御离吉受县泉置啬夫敞。（《敦煌悬泉汉简释粹》Ⅱ 0111 ②：21）

简 23 入东绿纬书一封，敦煌长上诣公车，元始五年二月甲子旦，平旦受遮要奴铁柱，即时使御羌行。（《敦煌悬泉汉简释粹》，Ⅱ 0114 ②：165）

简 24 ……十一月甲戌夜半，佐傅受遮要御羌大目，卯遣御王恽行。（《敦煌悬泉汉简释粹》，Ⅲ 0909 ④：30）

简 25 □檄一，长史夫子印，诣使者雍州牧治所。□一封，敦煌太守章，诣使者雍牧治所。□檄一，督邮印，诣渊泉。二月乙巳日食时，佐永受御羌归，即时归行。（《敦煌悬泉汉简释粹》，Ⅰ 0114 ①：11）

以上数简涉及的问题主要有两个。第一，汉人对羌人的奴役。如简 19 告诉我们，当时西北地区汉人中的豪强以羌人为奴婢，供自己驱使。这印证了史书所言羌人“为吏人豪右所徭役”之语。第二，前举简 4 至简 13 在《敦煌悬泉汉简释粹》中被定名为《归义羌人名籍》，基本准确。此名籍册说明，汉朝政府对归附的羌人实行了严格管理，羌人男子都要登记造册。这样做当然是为了对羌人征发徭役，为政府提供劳动力和兵员。[①]

“徒”为服劳役之人。简 20 之“羌徒”，正是羌人参与劳役的记载。简 21“羌人六人作”，其身份也当是“徒”，从事与“置”相关的劳作事

① 汪桂海．从出土资料谈汉代羌族史的两个问题 [J]. 西域研究，2010（2）：1–7+122.

务。“御”是指驾驭车马的人，传“置”有“御”一职责，从事驾驭车马事务，羌人从事“御”，被称为“御羌”或“羌御”，简 25 中的“御羌”从事传递文书的事务，是河西边塞驿置机构职责之一。[①]

简 26　封羌人入儌盗发数移（《敦煌悬泉汉简释粹》，Ⅱ 0215 ④：7）

简 27　一封长史私印，诣广校候，趣令言羌人反状。□在广至。闰月庚子昏时，受遮要御杨武行，东。……趣令言羌反状。博望候言，羌王唐调言并发兵在澹水上。（《敦煌悬泉汉简释粹》，Ⅱ 0216 ②：80）

以上两简提到羌人反叛之事。大致可以认为，此二简应该属于当时最早报告羌人反叛消息的文书。关于简 27，张德芳认为反映的是元帝永光年间的陇西羌人反叛事件。[②]

在今内蒙古额济纳旗的居延海一带，曾发现汉朝为优抚被羌人杀死的边塞吏卒和百姓而下达的文书简，估计也与此次事件有关。简文如下。

简 28　各持下吏为羌人所杀者，赐葬钱三万，其印绂吏五万，又上子一人，名尚书卒长，□奴婢二千，赐伤者各半之，皆以郡见钱给长吏临致以安百姓也，早取以见钱□（《居延汉简释文合校》，267・19）

《后汉书・西羌传》和《三国志・乌丸鲜卑东夷传》注引《魏略・西戎传》等都说到南山（今新疆南境昆仑山、阿尔金山与甘肃南界祁连山）中有羌人种落。此简与传世文献相佐证。

简 29　御史中丞臣彊、守侍御史少史臣忠，昧死言，尚书奉御史大夫吉奉丞相相上酒泉太守武贤、敦煌太守快书，言二事，其一事，武贤前书穬麦皮芒厚，以廪当食者，小石三石少不足，丞相请郡当食廪穬麦者石加……（《敦煌悬泉汉简释粹》，Ⅰ 0309 ③：221）

简 30　神爵二年三月丙午朔甲戌，敦煌太守快、长史布施、丞德，

① 马智全．从出土汉简看汉代羌族部族 [J]. 丝绸之路，2011（6）：5-8.

② 张德芳．悬泉汉简羌族资料辑考 [M] // 李学勤，谢桂华．简帛研究二〇〇一．桂林：广西师范大学出版社，2001：358-368.

谓县、郡库：太守行县道，传车被具多敝，坐为论，易□□□□到，遣吏迎受，输敝被具，郡库相与校计，如律令。（A）

掾望来、守属敞、给事令史广意、佐实昌。（B）（《敦煌悬泉汉简释粹》，Ⅰ 0309 ③：236）

简 31 □月甲申，敦煌太守快、长史布施、骑千人定舜行丞事，敢告部都尉卒人，谓县：督盗贼史□世□□□□□副护书到，各□□□□□泄□捕部界中，得以书言，毋有令史，廷邮报相监……（《敦煌悬泉汉简释粹》，Ⅱ 0314 ②：315）

简 32 十月己卯，敦煌太守快、丞汉德敢告部都尉卒人，谓县：督盗贼史赤光、邢世写移，今□□□□□□部督趣，书到，各益部吏，□泄□捕部界中，明白大编书乡亭市里□□□□，令吏民尽知□□（《敦煌悬泉汉简释粹》，Ⅰ 0309 ③：222）

据《汉书·赵充国辛庆忌传》记载，赵充国认为叛羌"易以计破，难用兵碎"，主张瓦解羌人，简 29 反映的是辛武贤与朝廷之间文书往来，报告军粮供应的问题，请求根据粮食质量，适当增加士卒的口粮供给，保证作战部队廪食充足。此简的时间应在辛武贤拜破羌将军之前。简 30 反映的正是这一期间的事情，敦煌太守快作为这次平叛的重要将领之一，此时巡行县、道，其原因估计与平定叛羌有关，可能是为了稳定全郡各地，防止出现变故。[①]

以下汉简也反映了羌人反叛的内容。

简 33 闻羌人买谷民间，持出塞甚众。长吏废不为意，未有坐者，务禁防之。（《敦煌悬泉汉简释粹》，Ⅱ 0216 ②：39）

简 34 博望雕秩候部见羌虏为盗……（《敦煌悬泉汉简释粹》，Ⅲ 0809 ④：35）

简 35 □□□普、张崇钦言：羌人黠，连殴击背，若首发。（《敦煌

① 汪桂海．从出土资料谈汉代羌族史的两个问题 [J]. 西域研究，2010（2）：1-7+122.

悬泉汉简释粹》，Ⅱ 0113 ①：39）

简 36 益广言校候部见羌虏将为渊泉南藉（籍）端□□……（《敦煌悬泉汉简释粹》，Ⅵ H 11：1）

简 33 的年代，张德芳认为大致属于元帝时，此简所记录的当为元帝永光年间陇西羌人反叛时，河西羌人与之呼应的行动。这枚简文说明，当时汉朝政府对羌人实行严格的经济封锁政策，以此削弱羌人的力量。简 34 至简 36 三枚简的年代，据张德芳推测，大致为王莽时期，简文内容为羌人起兵攻打西海郡时河西羌人的动向。简 34 与简 36 都是戍守边塞的吏卒候望、报告叛乱羌人活动情况的文书。[①]

悬泉汉简有一个反映羌人争讼的简册《案归何诬言驴掌谋反册》，记载了河西羌人的畜牧情况。

简 37 ……年八月中徙居博望万年亭徼外归莨谷，东与归何相近，去年九月中，驴掌子男芒封与归何弟封唐争言，封唐以股刀刺伤芒封二所，驴掌与弟嘉良等十余人共夺归何马廿匹、羊四百头，归何自言官，官为收得马廿匹、羊五十九头，以其归何。余马羊以使者条相犯徼外，在赦前不治，疑归何怨恚，诬言驴掌等谋反。羌人逐水草移徙……（《敦煌悬泉汉简释粹》，Ⅱ 0214 ①：124、Ⅱ 0214 ①：26、Ⅱ 0114 ③：440）

这一册书反映的是羌人之间的经济纠纷，狼何与归何家族因争言而发生刀刺事件，导致归何家畜牧被驴掌等人抢夺。

由于羌人传统是以畜牧为主，农业种植有限，因此羌人对汉地就有了农产品需求，对此，汉简有所记载。

简 38 闻羌人买谷民间，持出塞甚众。长史废不为意，未有坐者，务禁防之。（《敦煌悬泉汉简释粹》，Ⅱ 0216 ②：39）

此简所记录的为元帝永光年间陇西羌人反叛时，河西羌人与之呼应的行动。当时汉朝政府对羌人实行严格的经济封锁政策，以此削弱羌人

① 汪桂海．从出土资料谈汉代羌族史的两个问题 [J]．西域研究，2010（2）：1-7+122.

的力量。这枚简确证了羌人到汉地买谷的事实，由于汉与羌的矛盾，汉地可能禁止向羌人卖谷，于是羌人私自从民间买谷，而且“出塞甚众”，说明数量较大。这正是当时汉羌民间经济交流的重要内容。

此外，有一些简记载了防止羌人到汉地买铁器的情况。

简 39 甲渠言毋羌人入塞买兵铁器者。(《居延汉简释文合校》，EPT5：149)

此简的“兵”指兵器，“铁器”当指其他铁制生活用具。兵器和铁器由于在战争中的重要作用，是汉政府边塞贸易中重点控制的商品之一。该简是甲渠塞的上报文书，说明当地政府对这种现象的重视。①

简 40 范君上月廿一日过当曲，言窦昭公到高平，还，道不通。天子将兵在天水，闻羌胡欲击河以西。今张掖发兵屯诸山谷。麦熟，石千二百，帛万二千。牛有贾，马如故。七月中恐急匆匆，吏民未安。(A)

史将军发羌骑百人，司马新君将度，后三日到居延。居延流民亡者皆已得度。今发遣之居延，它未有所闻。何尉在酒泉，但须召耳。闻赦诏书未下部，月廿一日守尉刺白掾。甲渠君有恙，未来，趋之莫府。(B)(《居延汉简释文合校》，EPF22：325)

这是东汉建武时期窦融治理河西的一枚重要简牍，《后汉书·窦融传》记载：“(建武)八年夏，车驾西征隗嚣，融率五郡太守及羌虏小月氏等步骑数万，辎重五千余两，与大军会高平第一。”简文反映的正是这一情况。简文载“史将军发羌骑百人”，是这次军事行动的内容之一。“羌骑”应是羌人组成的骑士。羌人善于骑射，窦融统治时期，为政宽和，上下相亲，“保塞羌胡皆震服亲附”，窦融组织羌骑，成为河西重要的军事力量。②

简 41 入西书八，邮行。……永平十五年三月九日人定时，县泉邮

① 马智全.从出土汉简看汉代羌族部族[J].丝绸之路，2011(6)：5-8.

② 马智全.从出土汉简看汉代羌族部族[J].丝绸之路，2011(6)：5-8.

孙仲受石靡邮牛羌。(《敦煌悬泉汉简释粹》，Ⅵ F13C ①：5）

此简所记牛羌为石靡邮卒。邮是古代传递文书、供应车马食宿的驿站机构。此简时代为东汉明帝时期，记载了羌人从事邮驿事务的情况。

简 42 部骑千人云行丞事。下部……啬大夫羌千人□□（《敦煌悬泉汉简释粹》，Ⅴ 1611 ③：79）

此简残断较甚，参考千人为职官的情况，此“啬大夫”应为“啬夫”之误，啬夫是汉代基层职官，负责治安及征收赋税等相关事务。此简中羌从事啬夫的职务，说明羌人参与了河西边塞事务的管理。

以上一些简牍文献记载了河西羌人融入汉朝统治的状况，正是汉羌杂处的真实反映。从简文来看，羌人在河西从事徒、御、邮、骑、啬夫等事务，成了汉朝边塞防御的组成部分。[①]

汉陇西郡是西北大郡，其乡里治安状况影响着基层秩序是否稳固，也影响百姓生活的安稳。从正史和出土文献来看，汉代陇西郡乡里治安体系已形成。有张家山汉简之《二年律令·贼律》的部分律令内容可佐证。

简43 贼杀人、斗而杀人，弃市。其过失及戏而杀人，赎死；伤人，除。

谋贼杀、伤人，未杀，黥为城旦舂。

贼杀人，及与谋者，皆弃市。未杀，黥为城旦舂。(《张家山汉墓竹简》，C：14、C：300、C：301）[②]

《贼律》明确规定，伤人、杀人者城旦舂或弃市。相对来说，惩罚严明，在一定程度上使盗贼和狱案较少。而到了西汉后期，特别是初元、建平年代时，盗贼逾多，以“岁以万数”数量增长。西汉基层乡里治安体系，这一点可通过出土文献窥见一斑，主要通过游缴、乡亭部吏和乡官里吏来实现。游缴是县派出专门负责乡里治安的，是乡一级治安的主

① 马智全．从出土汉简看汉代羌族部族[J]．丝绸之路，2011（6）：5-8.

② 张家山二四七号汉墓竹简整理小组．张家山汉墓竹简[M]．北京：文物出版社，2006：59.

要维护者。敦煌悬泉两枚汉简佐证了游缴的职能，简文如下。

简 44 黄龙元年二月己□。（A 面）檄到，遣尉、游徼过纪部界。（B 面）□□守丞付福禄狱□□……（C 面）(《敦煌悬泉汉简释粹》，Ⅰ 0114 ③：202）

君会广至，羌人当以时出，唯廷调左部游徼贺及闲亭吏卒。(《敦煌悬泉汉简释粹》，Ⅱ 0115 ②：10)

从简 44 可以看出游缴有传世文献不曾记载的另一职责：随时配合上级部门的指令，如执行警戒、押送任务的职责。陇西郡和敦煌同属西北地域，很大可能性陇西郡的游缴有此职能，当然这只是推测，实际还需考证。①

此外，在陇西县发现了“建义护军印”，出土于陇西县文峰镇，由文物工作者在暖泉沟人家收集，出土年代不详，现为国家三级文物，藏陇西县博物馆。印章通高 2.7 厘米，边长 2.2 厘米，台厚 1.1 厘米，重 0.06 千克，青铜质，羊形钮，印面呈正方形，阴刻汉篆“建义护军”四字，无边栏，文字古朴率真。②

建义护军这一官职在传世文献中并没有相关的记载，但见于出土文物中，可知此官职在汉代陇西郡确实存在。武帝刘秀平割据势力，封朱祐为建义大将军③，因而“建义”号最早出现于建武元年（公元 25 年）。因此建义护军也应该是东汉首次设置。关于护军的职能，《汉书》有相关记载，如据《汉书 · 高惠高后文功臣表第四》记载，陈平在汉王二年（公元前 205 年）初升为都尉，“以护军中尉出奇计，定天下，侯，五千户”，可看出护军职责主战事，领兵打仗。据《后汉书 · 百官志》记载，“大将军出征，置中护军一人”，可见在战争的军

① 王靓．出土文献所见两汉陇西郡研究 [D]. 兰州：西北师范大学，2021.

② 汪楷．陇西金石录：上册 [M]. 兰州：甘肃人民出版社，2010：3.

③ “建义大将军朱祐”多次出现于《后汉书》中，如卷一《光武帝纪》、卷十七《冯异传》、卷十八《吴汉传》等。

事谋略中，护军有建议权而没有决定权。建义护军，是东汉初羌族时常“寇陇西”，战事较多，护军率军队作战之故而设置，是陇西郡地方行政体系中很重要的一职官。①

另外，在陕西绥德出土了“魏率善羌仟长”印。绥德在汉代属上郡，上郡的羌人，见于记载的有上郡沈氏羌、上郡虔人羌等②。到东汉末，起兵于西北的董卓、韩遂和马腾父子均拥有众多的羌兵，他们率军入关中，逐鹿中原，使羌人更内徙于关中各地。因此，曹魏时，关中、陕北等地有众多的羌族，此地出土“魏率善羌仟长”印，当系曹魏政权颁给上郡某羌族首领之印信。③在甘肃陇西县还出土了“魏率善羌佰长印”。④“魏率善羌佰长”，“率善”的对象是羌族。“率善”号意为希望外族和内附少数民族率众顺服于中原王朝政权，并且循善守法。曹魏时的陇西郡同两汉时期一样，境内生活着少数民族羌族，如陇西境内名羌“唐蹄”。“魏率善羌佰长”作为管理羌族的官制在魏羌的交互关系中发挥了不可忽视的作用。⑤曹魏去东汉相距不远，从而佐证了这一地区羌族的情况。东汉王朝册封的少数民族首领担任仟长、佰长等组成管理机构，在战时随军出征，平时管理本民族内部事务。唯仟长、佰长等官职设于少数民族聚居区，而且多为当地少数民族首领担任。“汉归义羌仟长”“汉归义羌佰长”“新西国安千制外羌佰长右小长”⑥等官印即明证。⑦

在两汉的历史发展过程中，羌族日益发展成为影响中原王朝政治、

---

① 王靓．出土文献所见两汉陇西郡研究［D］．兰州：西北师范大学，2021.

② 范晔．后汉书［M］．北京：中华书局，1965：2897.

③ 周伟洲，间所香炽．陕西出土与少数民族有关的古代印玺杂考［J］．民族研究，2000（2）：85-93+110.

④ 汪楷．陇西金石录：上册［M］．兰州：甘肃人民出版社，2010：4.

⑤ 王靓．出土文献所见两汉陇西郡研究［D］．兰州：西北师范大学，2021.

⑥ 陈直．汉晋少数民族所用印文通考［M］//陈直．文史考古论丛．天津：天津古籍出版社，1998：355-382.

⑦ 王力．两汉王朝与羌族关系研究［D］．兰州：西北师范大学，2005.

军事的重要民族之一。汉羌关系作为两汉史研究中的重要课题受到后世的关注，而汉简中有关羌族的资料对于汉代羌族史和汉羌关系的研究无疑会起到十分重要的作用。

关于汉羌关系，在《后汉书·西羌传》的描述中可以看出中原人与羌人关系的演变过程："羌无弋爰剑者，秦厉公时为秦所拘执，以为奴隶。不知爰剑何戎之别也。后得亡归，而秦人追之急，藏于岩穴中得免。……至爰剑曾孙忍时，秦献公初立，欲复穆公之迹，兵临渭首，灭狄豲戎。忍季父卬畏秦之威，将其种人附落而南，出赐支河曲西数千里，与众羌绝远，不复交通。……及忍子研立，时秦孝公雄强，威服羌戎。……及秦始皇时，务并六国，以诸侯为事，兵不西行，故种人得以繁息。秦既兼天下，使蒙恬将兵略地，西逐诸戎，北却众狄，筑长城以界之，众羌不复南度。至于汉兴，匈奴冒顿兵强，……臣服诸羌。……及武帝征伐四夷，开地广境，北却匈奴，西逐诸羌，乃度河、湟，筑令居塞，初开河西，列置四郡，通道玉门，隔绝羌胡，使南北不得交关。于是障塞亭燧出长城外数千里。时先零羌与封养牢姐种解仇结盟，与匈奴通，合兵十余万，共攻令居、安故，遂围枹罕。汉遣将军李息、郎中令徐自为将兵十万人击平之。……羌乃去湟中，依西海、盐池左右。汉遂因山为塞，河西地空，稍徙人以实之。"①

两汉时期的汉羌关系还体现在羌族的内徙方面。西汉时期河湟地区被征服，羌人不得不接受汉人对他们的统治。汉人来到羌人世居地的同时，羌人也被动或主动地内徙，从塞外内徙到汉设郡县、属国中来。景帝时，羌人研种留何率种人求守陇西塞，"于是徙留何等于狄道、安故，至临洮、氐道、羌道县"②。这是史书第一次明确记载的西羌部落内徙接受汉统治的事件，而且是主动的。两汉时期对周边各民族主要采取驱逐

① 范晔. 后汉书[M]. 北京：中华书局，1965：2875.

② 范晔. 后汉书[M]. 北京：中华书局，1965：2876.

出原来的聚居地和强迫内迁两种方法，东汉对西羌主要采取强迫内迁的办法，据黄烈统计，“在东汉时期二十九次羌族的大迁徙中，西羌主动请求内附的有五次；羌酋豪率众犯塞，经过战斗或俘或降，计十八次；汉军出塞击羌，羌人或俘或降的有六次，总数不下七十万人”① 。两汉几次重要的大规模的见于记载的羌人内徙表如表 1–1 所示。

表1–1　两汉几次重要的大规模的见于记载的羌人内徙表②③④⑤⑥

序号	时间	事件	迁徙情况	出处	说明
1	景帝时期	研种留何率众求守陇西塞。	迁入狄道、安故、临洮、氐道、羌道。	《后汉书·西羌传》	史籍首见西羌主动内迁。
2	宣帝神爵二年（公元前 60 年）	赵充国平定先零、煎巩羌乱，迁降者。	三万五千多人迁入破羌、允街等处。	《汉书·赵充国辛庆忌传》	置金城属国。
3	光武帝建武十一年（公元 35 年）	陇西太守马援败先零羌于临洮，迁降者。	羌人从大小榆谷迁至天水、陇西、扶风。	《后汉书·马援传》	羌人首次大规模迁入内郡、关中。
4	明帝永平元年（公元 58 年）	窦固、马武击败烧当羌滇吾于西邯。	余众七千人迁入三辅。	《后汉书·西羌传》	—
5	章帝建初二年（公元 77 年）	行车骑将军马防等讨破迷吾、封养豪布桥于临洮、索西，迷吾等悉降。	徙羌降者于河东。	《后汉书·西羌传》《后汉书·肃宗孝章帝纪》	羌人被安置于河东。

① 黄烈．中国古代民族史研究 [M]. 北京：人民出版社，1987：82.

② 王力．两汉时期西羌内迁浅析 [J]. 青海民族研究，2004（3）：70–75.

③ 黄烈．中国古代民族史研究 [M]. 北京：人民出版社，1987：889–892.

④ 李吉和．秦汉时期羌族的内徙与经济社会的变迁 [J]. 中南民族学院学报（人文社会科学版），2003（2）：100–103.

⑤ 王宗维．秦汉时期匈奴与西羌的关系 [J]. 西北大学学报（哲学社会科学版），1986（2）：3–10+59.

⑥ 尚新丽．秦汉时期羌族的迁徙及社会状况 [J]. 南都学坛，1997（5）：4–7.

（续 表）

序号	时间	事件	迁徙情况	出处	说明
6	和帝永元十三年（公元 101 年）	护羌校尉周鲔、金城太守侯霸与迷唐战，降者六千余口。	从陇西、金城分徙汉阳、安定、陇西。	《后汉书·西羌传》	烧当迷唐部不复振。
7	灵帝建宁二年（公元 169 年）	冯禅等徙汉阳降羌四千人。	迁入安定、汉阳、陇西。	《后汉书·段颎传》	东羌悉平。

两汉以来，羌族多次或主动或被动地内迁关中，究其原因，首先，羌族自身社会经济的发展和人口的增加导致需要向外发展。在生产工具的改进和人口增加的前提下，原来的生活区域，即居住区和生产区，已经不能满足羌族的生产生活需要，于是羌族开始对外迁徙，谋求更大的发展空间。其次，当时中原地区的政治经济形势使羌族选择内迁——两汉政府向羌族居住地的湟水流域扩展，加剧了羌族日益严重的人地关系。再次，恶劣的气候变化是导致羌族大量内迁的直接原因。气候的变化对生产力相对低下的以游牧为主兼营农业的羌族的生存与发展有很大的影响。气候的变化导致生态环境的变异，是导致羌族内迁的重要因素。最后，匈奴等强大少数民族的威胁、进攻，也是导致羌族内迁的重要因素。西汉王朝建立后，匈奴强盛，诸羌臣服其下，受尽压迫，有的羌族种族不堪忍受匈奴的奴役，举族内迁，东汉中后期，鲜卑、杂胡在西北地区已有相当实力，羌族与其发生冲突，这也对部分羌族内迁产生了推动。①

内迁的羌族，随着自然环境和社会环境的变化，以及民族交往的扩大和经济文化交流的增多，其社会发展和民族融合的进程明显加快。首先，羌族内迁后，大多变牧为农，变流动为定居，生活条件相对来说有所好转，因此，人口数量有了较大增长，到西晋初年，“狄戎居半”，而

① 杨涛．东汉以来内迁羌族在关中的分布研究[D]．延安：延安大学，2010.

羌族最多，这其中除部分移民外，有相当一部分应为移居于关中羌民的后代。其次，内迁促进了羌族生产方式的转变。从西汉中后期以来，两汉政府在羌地大量屯田，进一步推动了其农业生产的发展。最后，内迁加速了羌族制度化、封建化的进程。汉武帝开河西、置郡县，第一次从制度层面打破了羌族相对孤立的生存空间，确立了汉羌政治联系的一体性，政治上的相对统一性直接规定了汉羌在某些制度上的一致性。[①] 两汉王朝实行强制少数民族入迁内地的政策，其方法或部分迁徙，或举族全徙，但以部分迁徙为主；或自请迁徙，或强制迁徙，而以强制为主。这种强制少数民族入迁内地的政策，客观上促进了各民族间的交流和发展。两汉王朝实行少数民族入迁内地的政策，促进了包括汉羌民族之间在内的各民族间的交往、交流、交融。自费孝通 20 世纪 80 年代提出“西北民族走廊”概念[②] 后，学界普遍认为“西北民族走廊”在促进民族交往、交流、交融过程中发挥了重要作用。西北民族走廊将青藏高原、蒙古高原、黄土高原连接起来，带来人口的迁徙和流动，同时也促进了中原文化同西北民族地区的各民族交流互鉴，对中华民族共同体的形成和发展起到了重要作用。

① 王力 . 两汉王朝与羌族关系研究 [D]. 兰州：西北师范大学，2005.

② 民族走廊是指在一定的历史时期若干民族（或族群）沿着一定的地理环境频繁迁徙往来和活动的一个带状地带或通道。

第二章　中华民族共同体视域下的两汉羌族政策与对羌族的管理

第一节　西汉时期的羌族政策与对羌族的管理

一、汉武帝时期“隔绝羌胡”的羌族政策

（一）汉景帝时的徙羌与纳羌

据《史记》卷六《秦始皇本纪》记载，秦始皇时，“西逐诸戎，北却众狄，筑长城以界之，众羌不复南度”，秦势力“西至临洮、羌中”，这里提到的临洮在今甘肃岷县，羌中泛指河湟洮岷流域羌人活动的地区，考古资料也表明秦时已在枹罕（今甘肃临夏市）筑城戍守，与史料记载相吻合。秦政权与羌部落在羌中地区必然发生一定的政治经济关系，只是史书缺略，详情不得而知。据《后汉书》卷八十七《西羌传》记载，西汉景帝时，羌族研种留何率种人求守陇西塞，“于是徙留何等于狄道、安故，至临洮、氐道、羌道县”，这是史书第一次明确记载的西羌部落内徙接受汉边郡统治的事件。《汉书》卷十九《百官公卿表》记载：“县有蛮夷曰道。”从陇西郡所属狄道、羌道等县名看，汉初对羌族似已实施了相宜的比较特殊的统治方式，但史书没有说明汉王朝是怎样处置这些少数民族的记载。这次迁徙对羌人来说，是由于匈奴的压力，但它的历史意义是深远的。从此以长城为汉、羌界线的边塞被冲破，羌人陆续踏上了汉的边地郡县。

（二）汉武帝时期，反击匈奴，开通河西，割断羌匈联系

汉武帝对西羌的用兵与北击匈奴是同时进行的。西汉前期，崛起于北方蒙古高原的匈奴不断强大，不仅将其势力伸入河西走廊和广大的西域地区，而且连河湟谷地为中心的羌族也为其役属。匈奴不断南下骚扰抢掠，对中原王朝构成极大威胁。汉武帝即位后，为彻底解除匈奴威胁，决定对其进行武力征伐，并制定了在西线夺取河西以“隔绝羌胡”，进而沟通西域以“断匈奴右臂”的战略方针。围绕着这一总目标，汉朝政府采取了一系列措施。

首先，征讨匈奴，夺取河西，“隔绝羌胡”。河西走廊地理条件优越，东有黄河之隔，南有祁连山，北有龙骨山，西控通往西域的交通要道，进退自由，攻守为易。这就为匈奴的军事行动提供了重要便利条件，匈奴则占据河西走廊这个大“舞台”，导演了一幕幕引人注目的军事“剧目”。这里，向北可以通过额济纳河流域通道直接与单于庭联系；向南可以联合氐、羌等族结成军事同盟；向东可以以此为根据地，不断向汉王朝发动军事行动，劫夺财物，掳掠人口；向西可以统领西域诸国，树立匈奴在西域的声威，建立西域霸权。凡此等等，决定了河西走廊在匈奴政治、经济、军事上的重要战略地位，而河西走廊又是通往西域的必经之路，因而，争夺河西走廊的控制权也就成了汉武帝对匈奴战略的关键一步。汉武帝对匈奴的战争开始于元光二年（公元前 133 年），经过元狩二年（公元前 121 年）和元狩四年（公元前 119 年）两次决定性的出击，匈奴大败，右地浑邪王率领四万余人降汉，单于及左贤王亦皆远遁，河西走廊平定，归属汉朝。汉武帝在河西走廊及其以西设武威、张掖、酒泉、敦煌四郡，这就为沟通内地与西域的交通、割断匈奴与羌人的联系、西汉进一步占领河湟地区奠定了基础。

其次，屯田令居（今甘肃永登县西北）。元狩四年后，汉朝开始了在

金城（今甘肃兰州）对岸的屯田事业。《史记·匈奴列传》记载："是后匈奴远遁，而幕南无王庭。汉渡河自朔方以西至令居，往往通渠置田官，吏卒五六万人。"汉朝选择在此处兴办屯田，是有现实意义和战略眼光的。令居在霍去病开辟的从金城通往河西走廊的大道上，匈奴奴役西羌的前沿也在这里，占领该地，不仅能确保东西通道的畅通，而且起着有力地隔绝匈奴和西羌联合的作用。庄浪河和咸水河的河谷冲积地带，水源充足，气候适宜，土壤肥美，又是发展农业的好地方。此外，令居地区的发展，又对金城起着拱卫的作用。

再次，开湟中，逐羌徙民。汉王朝夺取河西后，"羌胡交通"并未完全隔绝。一方面，河西得天独厚的地理位置和优越的自然条件对匈奴的盛衰有着极为重要的影响，河西归汉，无疑是对匈奴势力的沉重打击。据《史记·匈奴列传》记载，匈奴对此不胜惋惜，歌曰："亡我祁连山，使我六畜不蕃息。失我焉支山，使我妇女无颜色。"为了重新据有河西，匈奴总是利用一切时机，向河西发动频繁的进攻。另一方面，以河湟地区为中心的羌族仍为匈奴所役属。而"美水草，冬温夏凉，宜畜牧"的河西走廊对以游牧为主、"与匈奴同俗"的羌族也同样具有极大的吸引力。匈奴在派兵窥视、侵扰河西的同时，还时常派人出使西羌，企图与西羌连兵进攻河西。因而，汉王朝所面临的局势依然非常严峻。元鼎五年（公元前 112 年），在匈奴的支持下，先零羌与封养、牢姐等羌解仇结盟，与匈奴通使，合兵十多万进攻汉朝令居、安故、枹罕等地。先零羌的目的是打破北起令居、南到安故的西汉边防线，占领原属罕羌侯的枹罕地区。次年，汉武帝遣将军李息、郎中令徐自为率军十万讨伐。汉军于枹罕击溃羌人的抵抗，进而占领湟水流域，大部分羌人归降。这场战争拖延了五六年，通过此战西汉巩固了北起令居、南到安故一线的边境，挫败了以先零羌为代表的西羌与匈奴联合的企图，战后先零羌等归附西汉，入居金城、陇西地区。为巩固新拓疆土，西汉王朝一面安抚降羌，对归降的羌人酋豪封王授侯，如先零羌豪杨玉被封为归义羌侯；一面“因山为塞，河西地空，稍徙人以实之”[①]。西汉王朝向湟水流域迁徙汉人，开置公田，并开始陆续设立具有军事和邮驿性质的西平亭、长宁亭、东亭等，自西平至令居、金城，障塞亭燧，星罗棋布，增强了湟中的防卫力量。然而，湟中一带也是水草茂美、适宜畜牧的好地方，对西羌部落无疑是非常重要的。羌族失去湟中和匈奴失去河西一样，都是致命的打击。他们都希望夺回自己的牧场，重返故地。在这一点上，匈、羌双方的利益是一致的。而且匈奴又以与羌人共同据有河西为诱惑，怂恿羌人进攻汉朝。征和五年（公元前88年），先零羌即与匈奴通使，而匈奴亦派人到小月氏，并煽动诸羌，声称：“羌人为汉事苦。张掖、酒泉本我地，地肥美，可共击居之。”[②] 在这种情况下，匈、羌共同起兵反汉，只因汉有所防范，从而未酿成大祸。

从上述汉朝政府所采取的措施并结合汉武帝的西方战略以及羌胡相通、威胁河西的现实不难看出，打击西羌势力，切断匈羌交通，以缓解河西压力，稳定河西局势，是汉武帝出击西羌的重要原因。所有这一切，又都是围绕着巩固河西、隔绝羌胡这个中心而展开的。《后汉书·西羌传》记载：“及武帝征伐四夷，开地广境，北却匈奴，西逐诸羌，乃度河、湟，筑令居塞；初开河西，列置四郡；通道玉门，隔绝羌胡，使南北不得交关。”[③]

二、汉宣帝时期威德并行、以羌制羌的羌族政策

有关汉宣帝时期羌族政策的资料，主要体现在《汉书》卷六十九《赵充国辛庆忌传》之中。《赵充国辛庆忌传》是《汉书》中篇幅最长的人物

① 班固．汉书[M]．北京：中华书局，1962：188．
② 班固．汉书[M]．北京：中华书局，1962：2972．
③ 范晔．后汉书[M]．北京：中华书局，1965：2876．

列传之一，在该传中，班固以不同于其他传记的独特的写法，略其生平，详其奏章，重点突出了赵充国在处理西羌问题上的杰出表现，而赵充国的很多建议，又被汉宣帝所采纳，所以赵充国的羌族表现集中体现了汉宣帝时期的羌族政策。

威德并行、以羌制羌的羌族政策是赵充国对武帝时期“隔绝羌胡”的羌族政策的继承和发展。据《汉书·赵充国辛庆忌传》记载，赵充国处处强调德政，在奏折中多次提出“德”的字眼，如他认为“兵者，所以明德除害也”，对待羌族应该“承威德，奉厚币，拊循众羌”“威德并行”等。赵充国力图宣传德政，恢复德教，恢复汉王朝的威信，恢复包括羌族在内的各少数民族对汉王朝的信任与拥护。赵充国在参与平羌的过程中，也实践了这种羌族政策。如宣帝初年，光禄大夫义渠安国“使行诸羌”。义渠安国默许先零羌“时渡湟水北”之请，导致诸羌“旁缘前言，抵冒渡湟水，郡县不能禁”。赵充国以其政治敏感，意识到这是羌胡联合的前兆，当即弹劾义渠安国“奉使不敬”，违背了先帝制定的基本政策，对汉王朝的稳定、安全、统一以及封建经济的发展将产生不良影响。可见赵充国对汉武帝制定的“隔绝羌胡”“断匈奴右臂”战略的牢记，对西羌问题与整个边疆民族问题紧密联系的理解。果然，元康三年（公元前 63 年），先零羌与诸羌种豪二百余人解仇交质结盟，准备再一次举行反汉行动。不久，羌侯狼何遣使至匈奴借兵，欲击鄯善、敦煌以绝丝绸之路。对此，赵充国认为：狼何，本属小月氏种，势单力薄，居于阳关西南山中，以它的力量是不可能出此之计的。估计已有匈奴使者到诸羌之中，至秋高马肥之时，匈奴、诸羌共同起兵。目前，应遣使巡行边塞，做好准备，监视诸羌行动。在后来的奏折中，赵充国多次分析羌乱若处理不当将引发四夷之乱、全局之败。这些都表明赵充国对羌乱与全局的关系有深刻的理解。赵充国弹劾不倒义渠安国，义渠安国反被朝廷委以重任，再次派出巡视诸羌。义渠安国到湟中后，并没有分别善恶，以区别处理，而是残忍地将先零诸羌豪三十余人全部斩首，引发了诸降羌及归义羌侯杨玉等的叛乱，义渠安国兵败退守令居。在这种情况下，宣帝派七十七岁的老将赵充国前往处置。由此可见，宣帝初年的羌乱，与宣帝起初没有听取和实行赵充国威德并行、以羌制羌的建议有关。

威德并行、以羌制羌的羌族政策不仅体现在防范羌乱方面，还体现在平息羌乱的政策中。赵充国提出打击首恶、对众羌实行政治瓦解的策略，即首先打击首恶先零羌，对胁从的诸羌“赦其罪，选择良吏知其俗者抚循和辑”，认为“此全师保胜安边之策”。他反对朝廷的纯军事解决政策，主张政治解决为主；反对朝廷派兵“击破”的平羌政策，主张“自破”“计破”；反对动用郡兵，主张地方郡兵以守为上；反对朝廷大军分路并进，劳师袭远，旷日持久，疲于奔命的战术，主张坚守持重，加强战备，休整练兵，修固营壁，先计而后战。赵充国所提出的瓦解众羌平息羌乱的政策，遭到主张进剿的酒泉太守辛武贤的极力反对，经过多次陈奏，朝廷采纳了赵充国的建议。赵充国在具体处理诸羌反汉的事件中，也是按其既定方针实施。他首先释放了前来禀报先零羌欲反而被都尉（指西部都尉）留作人质的罕、幵羌豪靡当儿的弟弟雕库，并让雕库告知罕、幵等羌豪：“大兵诛有罪者，明白自别，毋取并灭。天子告诸羌人，犯法者能相捕斩，除罪。斩大豪有罪者一人，赐钱四十万，中豪十五万，下豪二万，大男三千，女子及老小千钱，又以其所捕妻子财物尽与之。”[①]通过这种分化瓦解，区别对待，使先零羌与罕、幵诸羌之间的结盟瓦解了，孤立了先零羌，达到了预期的目的。在赵充国恩威并用之下，神爵二年（公元前60年）秋，先零羌的豪酋若零、离留、且种、儿库共斩先零大豪酋尤非、杨玉后降汉。从此，先零羌在史籍中匿迹。其他诸羌降

① 班固. 汉书[M]. 北京：中华书局，1962：2972.

汉。此后，直到王莽新朝七十余年间，河湟的羌人相安无事，再无反汉之举。

威德并行、以羌制羌的羌族政策还体现在赵充国的罢兵屯田之策中。大败先零羌后，如何对待羌人，在汉廷中出现了两种不同意见：一种意见认为应乘胜追击，彻底消灭羌人；另一种意见则认为要班师回朝，草草收兵。赵充国针对具体情况提出一种既不出击交战又不班师回朝，而使先零羌能够降服的办法，这就是留兵屯田、威德并行的策略。为此，赵充国三次向宣帝上书，陈述屯田的得失。他在第二次屯田奏章中分析了留兵屯田的十二条好处；在第三次屯田奏章中，特别强调“北有匈奴，西有乌桓，俱未平服，不能不备，若顾此失彼，两处无成，于臣不忠，于国无福，唯陛下省察”①。长期与匈奴打过交道的赵充国，就在他专力平羌之时，也始终保持着对匈奴的高度警惕。由于他能全盘考虑，提出“匈奴不可不备，乌桓不可不忧”②，且三次上书，论点鲜明，论据翔实，又得到丞相的全力支持，遂使朝臣舆论逐渐改变，“初是充国计者什三，中什五，最后什八”③。屯田的主张最终获宣帝批准，并于神爵二年（公元前60年）开始实施。

赵充国屯田湟中是非常重要的事件，史有明载。但是，赵充国在湟中的屯田持续不到一年时间，就“振旅而还”。关于赵充国的湟中屯田，学者们多有研究并予以很高的评价，如翟宛华在《试论赵充国在河湟的屯田》一文中提出了赵充国在河湟屯田的三条功效：“第一，在军事上，削弱了羌人的实力，加强了西汉军队的战斗力。在屯田期间，赵充国不是对羌人主动进攻，而是采取安抚的办法，瓦解了羌人，起到不战而破的作用。那些走投无路的羌人纷纷到屯田区投降。第二，在经济方面，

① 班固．汉书[M]．北京：中华书局，1962：2973.
② 班固．汉书[M]．北京：中华书局，1962：2986.
③ 班固．汉书[M]．北京：中华书局，1962：2987.

不同程度地解决了军需、运输和徭役的负担。另外，赵充国的屯田，开发和繁荣了河湟地区。特别是来自淮阳、汝南等中原经济相对发达地区的士兵和弛刑应募人员，把内地先进的生产工具和生产技术传播到河湟地区，提高了河湟地区的生产力水平。”①

笔者认为，赵充国在湟中的屯田持续了不到一年的时间就“振旅而还”，因此对它的影响不可估计过高，在屯田期间确有羌人到屯田区投降，但这不是屯田的直接结果，而是赵充国打击首恶、对众羌实行政治瓦解的策略的结果。屯田对于经济方面的影响，更多的史料是赵充国在屯田前给宣帝的《屯田奏》中所做出的分析。据赵充国所说，月用军粮谷十九万九千余斛，盐一千六百余斛，茭藁二十五万余石，这些物资转输所花费用“足支万人一岁食”②。而万人屯田后，每月仅用谷二万七千余斛，盐三百余斛，这对军费的开支来说，确实减轻了不少，但这只是理论上的分析，而不是赵充国不到一年屯田的事实与成绩。至于提高了河湟地区的生产力水平，也不能估计过高，因为赵充国不到一年的屯田其性质主要是军屯，主要是军事目的。所以，赵充国在河湟屯田，其影响远不如其《屯田奏》的历史影响，只能说赵充国在《屯田奏》中所反映的屯田思想和政策对后世的影响是深远的。到了东汉，光武帝接受马援的建议，恢复了对湟中的治理，从而使自西汉以来汉王朝对湟水流域的统治得以巩固；和帝接受曹凤建议，命其为金城西部都尉，在龙耆负责屯田。东汉在河湟地区屯田，先后持续了一百多年，其规模和成效远远超过了前代。

汉宣帝时期威德并行、以羌制羌的羌族政策还体现在平羌战争胜利后，宣帝对羌酋封授爵位，以羌制羌。随着赵充国平羌战争的胜利，神爵二年（公元前60年），有大批羌豪率种人降汉。为安抚笼络他们，宣

① 翟宛华．试论赵充国在河湟的屯田[J]．西北史地，1987（4）:19-23.

② 班固．汉书[M]．北京：中华书局，1962：2984.

帝都予以爵位，“封若零、弟泽二人为帅众王，离留、且种二人为侯，儿库为君，阳雕为言兵侯，良儿为君，靡忘为献牛君”[①]。汉王朝封授如此众多的西羌酋豪为侯王君长，目的是通过这些侯王君长以接受汉朝统治为条件来统治其原有部落。神爵二年，“初置金城属国以处降羌”[②]。宣帝设置金城属国对西羌因俗而治，设置护羌校尉持节领护西羌，充分体现了威德并行、以羌制羌的羌族政策，这种政策的实质是中国古代对少数民族实行的以夷制夷的政策。

三、西汉王朝对羌族的管理

西汉时期，大量西羌迁入内地，汉王朝采取了较为积极的管理措施，并对其实施了许多优待政策，在当时的汉羌民族融合中起到了积极的作用。与此同时，西羌的内迁也加速了羌族的社会发展，推动了其汉化的进程。

关于西汉朝与羌的关系，大量汉简的出土和发掘为这一问题的研究提供了资料。敦煌悬泉汉简中有关羌人的简有近百枚，保存了关于羌人活动和羌汉关系的资料，较为全面地反映了两汉时期，中原王朝在中央和地方专门设置管理羌人事务的官吏的状况、汉政府对羌人的具体管理措施以及对羌人所采取的许多优惠政策等情况，这些资料对于我们探讨有关汉羌关系和中原王朝对羌人的诸多政策及其所产生的影响有重要意义。

西汉势力进入河湟地区后，为了长期统治这片新拓疆土，西汉王朝除不断征伐羌人的反抗外，还结合羌族的实际创立和施行了若干行政管理制度，以加强对西羌的管理，包括设置羌吏即护羌校尉、初置金城属国、建立郡县等，并构筑亭燧要塞，以加强对河湟羌人的控制，稳定边

① 班固．汉书[M]．北京：中华书局，1962：2973.
② 班固．汉书[M]．北京：中华书局，1962：2972.

疆秩序。西汉王朝对西羌的管理措施，从一个方面反映了西汉王朝的羌族政策。西汉时期，为了加强对羌人的有效管理，中原王朝在中央和地方政府设置专属官吏，采取相关举措，以便对羌族实施有效的管理。根据悬泉汉简所反映的情况，这些官吏的设置，发挥了积极的作用，是羌族社会发展和中原王朝稳定的重要保证。所设专属官吏的具体职务及职能简述如下。

（一）护羌校尉，持节领护西羌

1. 西汉护羌校尉设置年代考

护羌校尉是管理西羌诸部最为重要的官职，是西汉时期管理羌人事务的高级官吏，但关于西汉护羌校尉的设置年代问题，史学界多据《后汉书》卷八十七《西羌传》中的一段记载，认为护羌校尉初置于武帝元鼎六年（公元前 111 年）。该传记载云："时先零羌与封养牢姐种解仇结盟，与匈奴通，合兵十余万，共攻令居、安故，遂围枹罕。汉遣将军李息、郎中令徐自为将兵十万人击平之。始置护羌校尉，持节统领焉。羌乃去湟中，依西海、盐池左右。汉遂因山为塞，河西地空，稍徙人以实之。"王宗维、高荣、陈新海等均持此说。[①][②][③] 但《资治通鉴》和《汉书》所载护羌校尉设置年代与《后汉书》所载有分歧。《资治通鉴》认为神爵二年（公元前60年）"诏举可护羌校尉者"，胡三省注曰："护羌校尉之官，始见于此。"[④]《汉书·赵充国辛庆忌传》则云："诏举可护羌校尉者，时充国病，四府举辛武贤小弟汤。"因此，一些学者认为护羌校尉应置于神爵

① 王宗维．汉朝对金城的开发与建设 [J]. 兰州学刊，1988（1）：93-101.

② 高荣．汉代护羌校尉述论 [J]. 中国边疆史地研究，1995（3）：10-16.

③ 陈新海．西汉管理青海方略试探 [J]. 青海民族研究，1996（2）：38-44.

④《资治通鉴》卷二六宣帝神爵二年五月胡注。

二年（公元前60年），如边章、马兰州等持这种观点。[①][②] 此外，日本学者久保靖彦在《后汉初期的乌桓：护乌桓校尉的研究》一文中则认为，护乌桓校尉、护羌校尉是在东汉设置的。

关于昭帝时期是否设置了护羌校尉，文献可考的记载只有范明友一人与护羌有关。《史记·建元以来侯者年表第八》记载："范明友，家在陇西。以家世习外国事，使护西羌。事昭帝，拜为度辽将军，击乌桓功侯，二千户。取霍兴女为妻。地节四年，与诸霍子禹等谋反，族灭，国除。"《汉书·昭帝纪》记载："（元凤）四年夏四月，诏曰：度辽将军明友前以羌骑校尉将羌王、侯、君、长以下击益州反虏，后复率击武都反氐，今破乌桓，斩虏获生，有功。其封明友为平陵侯。"从以上两条史料可知，范明友曾任羌骑校尉，职责是"使护西羌"，羌骑校尉一职，是临时所设还是护羌校尉的别称，不得而知。前引《汉书·赵充国辛庆忌传》记载，宣帝初年，光禄大夫义渠安国"使行诸羌"，义渠安国默许先零羌"时渡湟水北"之请，导致诸羌"旁缘前言，抵冒渡湟水，郡县不能禁"。宣帝派光禄大夫义渠安国行视诸羌，而没有派持节领护西羌的护羌校尉行视诸羌，其结论只能是当时没有设置护羌校尉，因此边章、马兰州都认为：《汉书·赵充国辛庆忌传》用了很大的篇幅来记载赵充国在平羌期间的奏报往来，从汉朝出兵的情况看，有后将军赵充国、强弩将军许延寿、酒泉太守辛武贤、长水校尉富昌、酒泉侯冯奉世、赵充国之子中郎将赵卬及敦煌太守快、金城太守等，独不见持节领护的护羌校尉，唯一的解释是直到此时（公元前61年）汉还未设置护羌校尉，据此推断，汉设置护羌校尉于神爵二年（公元前60年）。[③][④] 近年来，敦煌悬泉置遗址出土了

① 边章．两汉的护羌校尉 [J]. 西北师大学报（社会科学版），1991（1）：21-23.

② 马兰州．护羌校尉与金城属国 [J]. 历史教学，2002（12）：66-68.

③ 边章．两汉的护羌校尉 [J]. 西北师大学报（社会科学版），1991（1）：21-23.

④ 马兰州．护羌校尉与金城属国 [J]. 历史教学，2002（12）：66-68.

近百枚关于羌人活动和汉羌关系的简牍，其中关于反映西汉时期的羌人反叛以及破羌将军辛武贤、敦煌太守快、强弩将军许延寿、后将军赵充国的简文与《汉书·赵充国辛庆忌传》中有关记载相符合，再一次验证了《赵充国辛庆忌传》的历史价值。《赵充国辛庆忌传》载宣帝诏书曰："今诏破羌将军武贤将兵六千一百人，敦煌太守快将二千人，长水校尉富昌、酒泉侯奉世将婼、月氏兵四千人，亡虑万二千人。赍三十日食，以七月二十二日击罕羌，入鲜水北句廉上，去酒泉八百里，去将军可千二百里。"悬泉简中保留了上述人物在此前后的活动情况，可补史籍之缺载。

简 45 御史中丞臣彊、守侍御史少史臣忠，昧死言，尚书奉御史大夫吉奉丞相相上酒泉太守武贤、敦煌太守快书，言二事，其一事，武贤前书穬麦皮芒厚，以廪当食者，小石三石少不足，丞相请郡当食廪穬麦者石加……（《敦煌悬泉汉简释粹》，Ⅰ 0309 ③：221）

简 46 神爵二年三月丙午朔甲戌，敦煌太守快、长史布施、丞德，谓县、郡库：太守行县道，传车被具多敝，坐为论，易□□□□到，遣吏迎受，输敝被具，郡库相与校计，如律令。（A）

掾望来、守属敞、给事令史广意、佐实昌。（B）（《敦煌悬泉汉简释粹》，Ⅰ 0309 ③：236）

简 47 西合檄四，其一封凤博印，诣破羌将军莫（幕）府，一封□□侯印，诣太守府……一封栾延寿印，诣大司农卒史张卿治所。（《敦煌悬泉汉简释粹》，Ⅱ 0113 ③：152）

简 48 敦煌太守快使守属充国送牢羌、□□羌侯人十二。神爵二年十一月癸卯朔……琅何羌彊藏□□□行在所，以令为驾二乘传，十一月辛未皆罢。当舍传舍，从者如律令。（《敦煌悬泉汉简释粹》，Ⅰ 0210 ③：6）

以上四简，就其时间而论，据张德芳考证，"当在神爵元、二年间"[①]。简 45 反映了辛武贤等人进兵羌人之前筹办粮秣的情况。从《赵充

① 胡平生，张德芳．敦煌悬泉汉简释粹 [M]. 上海：上海古籍出版社，2001：102.

国辛庆忌传》看，当时辛武贤与赵充国意见相左，赵充国从长远战略考虑，主张招降纳叛，区别分化，不战而屈人之兵，而辛武贤则主张携带三十日粮从张掖、酒泉同时出击，掳掠羌人畜产和老弱在青海湖一带不能远徙者，简中反映辛武贤等筹办粮秣的情况正与此相吻合。简 46 中敦煌太守快告谓县郡库，传车被具要按时进行实验统计，与当时战备有关。简 47 是发往破羌将军辛武贤、乐成侯强弩将军许延寿官府的檄书记录。简 48 反映了神爵年间西羌反叛的情况。《赵充国辛庆忌传》记载："后月余，羌侯狼何果遣使至匈奴借兵，欲击鄯善、敦煌以绝汉道。充国以为：狼何，小月氏种，在阳关西南，势不能独造此计。……"简中羌侯"琅何"应为《赵充国辛庆忌传》中的"狼何"。

以上四简提到的参与处理神爵年间这次羌乱的人物与《赵充国辛庆忌传》相符合，也是唯独没有持节领护西羌的护羌校尉。那么，悬泉简中有没有发现有关护羌校尉的简文呢？悬泉简中确实发现了反映西汉宣帝以后护羌校尉的存在和活动情况的两条简文。

简 49　七月壬午，御史大夫卿下吏护羌校尉、将军……（A）

七月癸丑，御史齐卿以来……（B）(《敦煌悬泉汉简释粹》，Ⅱ 0314 ②：179）

简 50　入西皂布纬书二封，大司徒□□□□□□□。蒲封□□□□□□□□□□□……纬破。一护羌校尉□□□□□□。(《敦煌悬泉汉简释粹》，Ⅱ 0114 ②：275）

简 49 为御史大夫下达护羌校尉朝廷公文的记载，张德芳考证"该简反映的内容为宣帝以后，很可能就是三辛担任护羌校尉之事"[①]。此简所反映的护羌校尉应在神爵二年宣帝"诏举可护羌校尉者"之后。简 50 是一份邮书的记录，与护羌校尉有关，为成帝以后之物。

综上所述，悬泉简反映的内容，在神爵二年（公元前 60 年）前这

① 胡平生，张德芳 . 敦煌悬泉汉简释粹 [M]. 上海：上海古籍出版社，2001：102.

次平定羌乱的军事活动中所出现的人物与《赵充国辛庆忌传》相符，唯独没有持节领护西羌的护羌校尉，说明护羌校尉在宣帝神爵二年前是缺省的。

关于宣帝神爵二年前管理羌族的羌吏的情况，史料记载有两条。《汉书·昭帝纪》记载："（元凤）四年夏四月，诏曰：度辽将军明友前以羌骑校尉将羌王、侯、君、长以下击益州反虏，后复率击武都反氐，今破乌桓，斩虏获生有功。其封明友为平陵侯。"这里提到的"羌骑校尉"，史书中只此一见。《汉书·赵充国辛庆忌传》有提到"赵充国叹曰……往者举可先行羌者，吾举辛武贤，丞相御史复白遣义渠安国，竟沮败羌……"，从中可见，"先行羌者"就是义渠安国处理羌务的职名。"羌骑校尉""先行羌者"都是临时性的职事，是"护羌校尉"设置的萌芽时期未定型未规范的表现。与"护羌校尉"职务性质类似的"使匈奴中郎将"（也称"护匈奴中郎将"）的设置演变过程也有类似的情况，[①] 类似性质的"西域都护"的设置也有一个萌芽发展的演变过程，可见这样一类性质的职务的形成需要一个发展过程。"使匈奴中郎将"的设置用了一个半世纪才正式确立起来，而"护羌校尉"官职设置用了半个世纪。"羌骑校尉""先行羌者"具有涉及民族事务的特殊性和使命的临时性，是"护羌校尉"官职发展演变过程中不可或缺的一部分。[②]

关于西汉时期的护羌校尉，见于史籍记载的有以下几位。

辛汤。《汉书》卷六十九《赵充国辛庆忌传》记载："诏举可护羌校尉者，时充国病，四府举辛武贤小弟汤。充国遽起奏：'汤使酒，不可典蛮夷。不如汤兄临众。'时汤已拜受节，有诏更用临众。后临众病免，五府复举汤，汤数醉酗羌人，羌人反叛，卒如充国之言。"

王尊。《汉书》卷七十六《王尊传》记载："王尊字子赣，涿郡高阳人

① 安作璋，熊铁基．秦汉官制史稿 [M]．济南：齐鲁书社，1984：284-286.
② 谢绍鹢．两汉护羌校尉研究 [D]．西安：西北大学，2007.

也。……（元帝时）起家，复为护羌将军转校尉，护送军粮委输。而羌人反，绝转道，兵数万围尊。尊以千余骑奔突羌贼。功未列上，坐擅离部署，会赦，免归家。”

尹岑。《汉书》卷十九下《百官公卿表下》记载：“（永始四年）护羌校尉尹岑子河为执金吾，一年迁。”

辛通。《汉书》卷六十九《赵充国辛庆忌传》记载：“（辛庆忌）年老卒官。长子通为护羌校尉，……时平帝幼，外家卫氏不得在京师，而护羌校尉通长子次兄素与帝从舅卫子伯相善，两人俱游侠，宾客甚盛。及吕宽事起，莽诛卫氏。”

窦况。《汉书》卷九十九上《王莽传》记载：“（居摄元年）是岁，西羌庞恬、傅幡等怨莽夺其地作西海郡，反攻西海太守程永，永奔走。莽诛永，遣护羌校尉窦况击之。二年春，窦况等击破西羌。”

以上史籍中所见到的西汉时期的护羌校尉都是在宣帝神爵二年（公元前60年）之后，而悬泉简大量出现了护羌校尉的简文也在此之后，这说明护羌校尉自神爵二年后是长期设置的官职。因此笔者认为，护羌校尉开始设置于武帝元鼎六年（公元前111年），但属于临时设置，由于武帝及其以后西北边疆的主要压力来自匈奴，随着“隔绝羌胡”战略的逐渐实施，羌族事务显得不突出，护羌校尉在昭帝和宣帝前期就有可能省废；而自宣帝神爵年间，汉羌矛盾上升，羌胡联系又有反复的可能，所以在神爵二年复置护羌校尉，而且这次复置使西汉时期护羌校尉成为常设官职。

对于护羌校尉由临时设置到常设官职的转变过程，有学者提出：“西汉王朝时期的护乌桓校尉、护羌校尉以及东汉王朝时期的护匈奴中郎将等，这些官职或机构不仅是管理边疆或边疆民族的专门机构，而且也都是由使者发展而来的，最初是代表最高统治者到边疆民族地区传达诏令或具体处理某些事务，后随着边疆民族臣属关系的加深，使者出使频繁，逐渐转变为常设官职。”[①] 根据“西域都护和护匈奴中郎将由临时设置到转变为常设官职的过程”[②]，推断护羌校尉出于使者应该说是没有疑问的，也就是说，护羌校尉在武帝元鼎六年开始设置时带有使者性质，是临时设置的，到宣帝神爵二年为常设官职。对于边疆地区“校尉”类官职由临时向常设的转变，我国台湾学者廖伯源在《秦汉史论丛》一书中有如下一段论述。他在对使匈奴中郎将、护乌桓校尉的演变过程做了考证后指出：“为令使匈奴中郎将能够有效指挥、监察、约束南单于，故使匈奴中郎将持节为使者。使者本身是临时派遣，事毕即罢；今使匈奴中郎将为正式的官员，却一直保持使者之身份，可谓是使者之变态。此变态显示使者转变为行政官员过程中之某一阶段。假如使者转变为行政官员的途径之一是使者转变为有固定执掌之专职使者，再转变为完全无使者性格之行政官员，则如使匈奴中郎将之类之专职使者可谓是此转变过程尚未完成之形态。”[③] 廖伯源同时指出，护乌桓校尉与使匈奴中郎一样经历了类似的演变过程。

2. 西汉护羌校尉的属官与其他羌吏

《后汉书·志·百官五》记载：“使匈奴中郎将一人，比二千石。本注曰：主护南单于。置从事二人，有事随事增之，掾随事为员。护羌、乌桓校尉所置亦然。”应劭《汉官仪》曰：“拥节。长史一人，司马二人，皆六百石。”《后汉书·志·百官五》还有如下记载：“护羌校尉一人，比二千石。本注曰：主西羌。”护羌校尉作为秩比二千石的羌吏，关于其属官在传统文献中的记载互不相同。边章认为：“可能护羌校尉属官前后有所变化，大概西汉时期称长史、司马，东汉以后称从事。”[④] 李大龙认为：

① 李大龙．都护制度研究[M].哈尔滨：黑龙江教育出版社，2003：345.

② 李大龙．西汉时期的边政和边吏[M].哈尔滨：黑龙江教育出版社，1996：95.

③ 廖伯源．从汉代郎将职掌之发展论官制演变的一些特征[M]//廖伯源．秦汉史论丛．台北：五南图书出版股份有限公司，2003：70.

④ 边章．西汉的护羌校尉[J].西北师大学报（社会科学版），1991（1）：21-23.

"护羌校尉持有'节'，属官有从事、长史、司马等。"[①] 高荣认为："和郡守一样，护羌校尉也设府置吏，其属吏主要有长史、司马、关于护羌从事等。"[②] 关于护羌校尉属吏，《后汉书·志·百官五》说其犹如使匈奴中郎将，"置从事二人，有事随事增之，掾随事为员"。这也在悬泉汉简中得到反映。

悬泉汉简中有关于西汉"护羌从事"的简文。

简 51 入东合檄一，护羌从事马掾印，诣从事府掾□□□……（《敦煌悬泉汉简释粹》，Ⅱ 0214 ②：535）

简 52 入……具敝。装一，完。履橐一，新。鞫□薄十一，完。帀勒一，完。□一，完□。绥和元年五月乙亥，县泉置啬夫庆受敦煌厩佐并，送护羌从事。（《敦煌悬泉汉简释粹》，Ⅱ 0111 ①：303）

简 53 □□□□护羌从事治所。（《敦煌悬泉汉简释粹》，Ⅱ 0215 ②：22）

据张德芳考证，简 51 同层所出简文较多，纪年简从宣帝神爵时期开始到西汉末年各时期都有。简 52 中的"绥和"为成帝最后一个年号，"绥和元年"是公元前 8 年。简 53 大致在成帝之后。从以上简文的考证可以得出，从西汉宣元成帝到成帝以后乃至西汉末年，护羌从事一直是存在的。简文与《后汉书·百官志》的记载互证。可见，护羌从事应为护羌校尉的属吏，而且从西汉宣帝时期就有。另《后汉书·西羌传》记载：赵冲任护羌校尉时，"建康元年春，护羌从事马玄遂为诸羌所诱，将羌众亡出塞"。则东汉护羌校尉也有属官护羌从事，这样可以得出结论，西汉、东汉的护羌校尉都有属官护羌从事，"东汉以后称从事"的说法欠妥。

关于西汉护羌校尉的属官是否有司马，现进一步说明。日本学者大

① 李大龙．东汉王朝护羌校尉考述 [J]. 民族研究，1996（2）：67-78.

② 高荣．汉代护羌校尉述论 [J]. 中国边疆史地研究，1995（3）：10-16.

庭脩在《秦汉法制史研究》一书中对西汉的校尉做了全面的盘点。大庭脩认为，西汉王朝在京师内外设有校尉多种，如五帝时期开始设置的八校尉、执马校尉、驱马校尉、屯田校尉、转校尉等，这些校尉下都有司马。西汉王朝在西北边疆也设了校尉，“西域都护下设置西域副校尉这一秩比二千石的校尉。校尉之下有丞一员，司马、侯、千人各二员。”“戊己校尉有丞、司马、各一员，侯五员。”[①] 李炳泉根据敦煌悬泉简进一步考证戊己校尉的属官有丞、司马、侯、史，而且司马下还有司马丞。[②] 护羌校尉与西域副校尉、戊己校尉同是西汉西北边疆的边吏，而且都是秩比二千石，既然西域副校尉、戊己校尉都有司马，作为旁证，西汉的护羌校尉似亦应有司马。另外，《汉官仪》及《汉旧仪》并记边郡“置部都尉、千人、司马、侯、农都尉”，《汉书·冯奉世传》注引如淳曰“边郡置都尉及千人、司马，皆不治民也。”由此可知边郡部都尉有都尉、侯、千人、司马四官，当为西汉制。陈梦家在《汉简所见居延边塞与防御组织》一文中对边郡部都尉的属官司马做了爬疏，指出汉简中不仅有司马，而且有骑司马、假司马、属国司马、左部司马、郡司马、城司马等，其对边郡部都尉的考证亦可作为佐证。[③] 东汉司马的活动见于从青海乐都出土的“东汉三老赵宽碑”，碑文中记载赵充国的孙子赵宽“自上邽别徙破羌，为护羌校尉假司马”，赵宽的次子赵子惠又任“护羌假司马”，[④] 可见，东汉的护羌校尉有司马。至于护羌校尉是否有长史，《后汉书·志·百官五》曰：“每郡置太守一人，二千石，丞一人。郡当边戍者，丞为长史。”可知，东汉的护羌校尉似有长史，西汉的护羌校尉是否有长

① 大庭脩．秦汉法制史研究[M]．徐世虹，等译．上海：上海人民出版社，2017.

② 李炳泉．西汉戊己校尉建制考[J]．史学月刊，2002（6）：25-31.

③ 陈梦家．汉简所见居延边塞与防御组织[M]// 陈梦家．汉简缀述．北京：中华书局，1980：45.

④ 赵生琛．东汉三老赵宽碑[M]// 赵生琛，谢端琚，赵信．青海古代文化．西宁：青海人民出版社，1986：116.

史，需进一步论证。

敦煌悬泉简中还有四种与羌族有关的官职，史书无载。

其一，护羌使者。

简 54　护羌使者传车一乘，黄铜五羡一具，伏兔两头，柅两头，……鞇靴、韦书薄各一。出故皂复盖蒙，完。蚤具毋金承。鞔勒二，完。中靳对各一，完。传三，□韦把杠二，有阳。鞅䩓各一，韗鞘各二，于于少四，韦鞮一，赤鞮各两少，铜錧一具。河平二年七月癸巳，县（悬）泉徒赵齐付遮要佐赵忠。(《敦煌悬泉汉简释粹》，Ⅰ 0110 ①：53）

简 55　护羌使者，行期有日，传舍不就……(《敦煌悬泉汉简释粹》，Ⅱ 0314 ②：72）

简 56　入东合檄四，其二从事田掾印，二敦煌长印。一诣牧君治所，一诣护羌使者莫府□(《敦煌悬泉汉简释粹》，Ⅱ 0214 ①：74）

简 57　移护羌使者移刘危种南归责藏耶茈种零虞马一匹、黄金耳县青碧一，会月十五日，已言决。(《敦煌悬泉汉简释粹》，Ⅱ 0112 ① B：63）

简 58　鸿嘉三年九月壬戌，县（悬）泉置啬夫叩头死罪，迫护羌使者良到，入。(《敦煌悬泉汉简释粹》，Ⅱ 0215 ②：42）

简 59　护羌使者良射伤羌男子，良对曰，伤，送调马已死。第廿。（A）护羌使者良射伤羌男子，对：伤者送调马已死□（B）(《敦煌悬泉汉简释粹》，Ⅰ 0112 ②：39）

悬泉简共有八条关于护羌使者的简文，笔者只选取以上有代表性的六条作一说明。“护羌使者”一职，史书无载，张德芳根据出土层位和相关纪年简推断：简 55 为宣帝时期之物；简 56 有明确纪年，为成帝简；简 57 为成帝以后之物。也就是说，“护羌使者”一职，从宣帝至西汉末是一直存在的。根据简文看，护羌使者设有幕府，开府治事，并可巡行各部，似应有相当秩级，不是护羌校尉的属官。

护羌校尉，持节开府治事，治令居，除亲自行视诸羌外，还派属吏巡行各地。护羌校尉由使者演变而来，持节领护西羌，故往往又被称为护羌使者或主羌使者，这在敦煌悬泉简中得到了印证。简 54 是护羌使者经过悬泉置时，为他准备车辆的情况，简 57 至简 59 是护羌使者行视诸羌，处理西羌盗马、诉讼等事务的具体例证，简 54 和简 55 则是悬泉置迎送护羌使者、传递相关文书的记录。正与文献所载护羌校尉“皆持节领护，理其怨结，岁时循行，问所疾苦”的职责相合。故有学者认为悬泉汉简中所见的护羌使者就是武帝神爵二年（公元前 60 年）以后见于文献的护羌校尉。[①]

简牍中，护羌使者、护羌校尉又被简称为“护羌”。

简 60 入粟，以食骑马五十匹，迎护羌。士卅五人。元始……（《敦煌悬泉汉简释粹》，Ⅱ 0114 ④：36）

简 61 □府，一诣御史，一诣左冯翊府，一诣武威府，一诣京兆尹府，一诣安定，一诣赵相府，一诣金城，一诣南河尹府，一诣□□，一诣护羌，一诣鱼泽，一诣□□，一诣渊泉，一诣宜禾护蓬，一诣宜禾，一诣□曹护蓬，一诣定（？）汉尉。（《敦煌悬泉汉简释粹》，Ⅵ F13C ①：25）

据悬泉汉简发掘整理者称，“在悬泉简中，‘护羌使者’凡十见，从出土层位和相关纪年简推断，从宣帝起一直持续到西汉末年”[②]。这也正可与《后汉书》《汉官仪》等传世文献所载护羌校尉武帝置、王乱后遂罢的情形大致相合。

见于记载的护羌校尉佐官属吏有长史、司马、从事、都吏、主簿、使驿等，未见有护羌使者，因此护羌使者不应该是护羌校尉的属官，也排除是低级地方官吏的可能性。简 56 中护羌使者与牧君凉州牧并提，简 54 具体描述了护羌使者的用车规格，与司马彪《续汉书·舆服志下》的

① 刘国防．西汉护羌校尉考述 [J]. 中国边疆史地研究，2010（3）：9-17+148.

② 胡平生，张德芳．敦煌悬泉汉简释粹 [M]. 上海：上海古籍出版社，2001：157.

记载可以对照："中二千石、二千石皆皂盖，朱两轓。……景帝中元五年，始诏六百石以上施车轓，得铜五末，轭有吉阳筩。中二千石以上右騑，……"有学者以为护羌使者的官秩是二千石，和护羌校尉同。简 55 到简 59 具体反映护羌使者经略边地特别是负责羌人事务，性质与护羌校尉同。中央在设有护羌校尉的情况下，不可能另设性质相同、级别相当的官吏同在凉州行使同样的职权，而且简中从未见护羌使者与护羌校尉同出并称，因此可以认定"护羌使者"为"护羌校尉"的异称。[①]

其二，主羌史。

简 62　建昭二年二月甲子朔辛卯，敦煌太守彊，守部候脩仁行丞事，告督邮史众欣、主羌史江曾、主水史众迁，谓县，闻往者府掾史书佐往来繇案事，公与宾客所知善饮酒，传舍请寄长丞食或数……（《敦煌悬泉汉简释粹》，Ⅱ 0216②：246）

简 63　七月十一日庚申，主羌史李卿过西，从吏一人，用米六升，肉一斤。（《敦煌悬泉汉简释粹》，Ⅱ 0115②：5）

据张德芳考证，简 62 和简 63 均为元帝建昭时期物。简 62 有明确纪年"建昭二年"，为公元前 37 年；简 63 为元帝建昭四年（公元前 35 年）。从简 62 来看，"主羌史"一职，由敦煌太守告诉行事，所以，主羌史不是护羌校尉的属官，而应为敦煌太守的属官。显然，敦煌地处边疆西陲，境内羌人由太守府专设主羌史管理，是异于内地郡县的制度。胡平生、张德芳业已指明，督邮史为督邮属下主文书之佐吏，主水史为专管水利之曹史，主羌史为专管羌人事务之曹史，同为太守府属官，均非护羌校尉或护羌使者。二位先生所言甚确。敦煌地处西北边陲，辖境与羌人活动区域相邻，境内自有羌人杂处其间，故在边郡如敦煌者往往设主羌史以管理郡内归义羌人。但主羌史与护羌校尉的关系目前尚不清楚。

其三，主羌使者。

① 谢绍鹔．两汉护羌校尉研究 [D]．西安：西北大学，2007.

简 64　朝与主羌使者、从事佐□□凡二人，往来四食，食三升，西。（《敦煌悬泉汉简释粹》，Ⅱ 0215 ②：258）

“主羌使者”一职仅见此一简，据张德芳考证，应为元成时期物。“主羌使者”与“护羌使者”关系如何，与“护羌校尉”关系如何，目前还不得而知，但可以肯定的是，主羌使者肯定是管理羌族的羌吏。主管羌人事务者为使者，主羌使者又有属吏从事，有学者认为主羌使者当是对护羌使者、护羌校尉的另一称呼。[①] 也有学者认为主羌史从简文判断为太守府的属官，延续时间长，为常设官职，同时“主羌使者”与“从事佐”并提、无众随员、在传舍中的待遇可见“主羌使者”级别不高，所以其认为“主羌使者”并非朝廷的使者，也不是“护羌使者”的异称，他可能是“主羌史”的误写。[②]

其四，护羌都吏。

简 65　出米八升，四月甲午以食护羌都吏李卿从吏……（《敦煌悬泉汉简释粹》，Ⅱ 0215 ②：192）

“护羌都吏”也仅见此一简，与“护羌校尉”关系如何，目前也还不得而知，但同样可以肯定的是，护羌都吏肯定是管理羌族的羌吏。

《汉书》卷四《文帝纪》记载：“二千石遣都吏循行，不称者督之。”如淳注曰：“律说，都吏，今督邮是也。闲惠晓事，即为文无害都吏。”颜师古以如淳说为是，又曰：“循行有不如诏意者，二千石察视责罚之。”“邮”指边境上之舍，最早还是田间之舍。“督邮”是“督邮曹掾”“督邮书掾”“督邮掾”的简称。《后汉书·志·百官五》记载：“本注曰：凡郡国皆掌治民，进贤劝功，决讼检奸。常以春行所主县，劝民农桑，振救乏绝。秋冬遣无害吏案讯诸囚，平其罪法，论课殿最。”对于郡国而言，都吏的职责在于循行监察，护羌校尉亦为比二千石之官，故有

① 刘国防．西汉护羌校尉考述 [J]. 中国边疆史地研究，2010（3）：9-17+148.

② 谢绍鹢．两汉护羌校尉研究 [D]. 西安：西北大学，2007.

护羌都吏。在从事、都吏之下，又有负责各种具体事务的掾属。据《汉官仪》记载，护羌校尉属吏有长史、司马，皆六百石。这在已披露的悬泉汉简中未能检到。但从护羌校尉可“行边兵豫为备”来看，其属吏中当有长史等职。[①]

通过以上对简文的分析可知，西汉的羌吏有护羌校尉，其属官有司马、从事等。此外，两汉时期还有护羌使者、主羌史、主羌使者、护羌都吏等官职，年代跨度从宣帝一直到西汉末。西汉王朝最晚从宣帝开始，就在西北边疆羌族地区建立了比较完备的羌族管理体制。但在敦煌悬泉简出现以前，这些史实我们是不得而知的。所以，悬泉简的出土，填补了宣帝以后西汉王朝如何管理羌族的历史空白。以上官吏是两汉时期常设的较为重要的职位，除此之外，中原王朝还在个别临羌边郡设置了主羌史，这对羌人的稳定起到了一定作用。

3. 从护羌校尉的职责看西汉王朝对羌族的管理

关于西汉护羌校尉的职责，《后汉书·百官志》仅载“主西羌”，多数学者引用《后汉书·西羌传》司徒掾班彪给光武帝的建议——“持节领护，理其怨结，岁时循行，问所疾苦。又数遣使驿通动静，使塞外羌夷为吏耳目，州郡因此可得儆备”，指出护羌校尉是持节官。[②][③][④] 日本学者大庭脩对什么是节、汉节的形态、节与使者、西汉的持节官做了详细的考证。大庭脩认为：“节是皇帝授予使者的，它代表皇帝的意志，因此不是轻易授予的。……而且，持节者为了执行使命，可以专断，甚至采用包括杀戮在内的强制性手段。”“蛮夷骑都尉、领乌桓校尉、护羌校尉、使匈奴中郎将都是平时持节的官职，这是由于给予他们以对这些不

① 刘国防. 西汉护羌校尉考述 [J]. 中国边疆史地研究，2010（3）：9-17+148.
② 边章. 两汉的护羌校尉 [J]. 西北师大学报（社会科学版），1991（1）：21-23.
③ 李大龙. 东汉王朝护羌校尉考述 [J]. 民族研究，1996（2）：67-78.
④ 高荣. 汉代护羌校尉述论 [J]. 中国边疆史地研究，1995（3）：10-16.

同的民族使用包括专杀权在内的随时决定的权限。”① 笔者认为，护羌校尉持节领护西羌，其主要职责有以下几方面：一是“持节领护，理其怨结，岁时循行，问所疾苦”。这主要是针对金城属国羌部落而言的，护羌校尉必须按时巡视羌部落，处理羌人部落之间及其与郡县吏民之间的纠纷，解决他们的生产生活困难，使之安居乐业。二是“遣使驿通动静，使塞外羌夷为吏耳目，州郡因此可得儆备”。这是针对塞外不服从汉王朝的羌部落而言的。护羌校尉必须派人刺探侦察，掌握他们的动态，及时通报沿边各郡县，以有防备。三是保护河西道的畅通。西汉时期护羌校尉治所一直在金城令居塞，令居塞是陇西通往河西大道的屏障，所以常设重兵，地理位置非常重要。总之，西汉护羌校尉的职责应主要是持节“护羌”，而不是以军事镇压、武力征伐为主。这主要是由西汉的羌族政策所决定的，而护羌校尉是执行西汉王朝羌族政策最直接的持节羌吏。整个西汉王朝的羌族政策的核心内容就是汉武帝时期的“隔绝羌胡”政策，宣帝时期的羌族政策是这一核心的继承和延续，这一核心不仅贯穿于整个西汉王朝，而且一直持续到东汉初期南北匈奴分裂，北匈奴西遁，南匈奴降汉，匈奴对汉王朝的威胁解除为止。所谓武帝“列置四郡”“隔绝羌胡”，就是切断匈羌的联系，从而断匈奴的右臂，把主要军事力量用于对付匈奴上面，而对待羌族则是㨫循和辑、持节领护。可以说，西汉“隔绝羌胡”的羌族政策决定了西汉护羌校尉的职责是“护羌”。赵充国之后，邓训、侯霸、韩浩等边吏都重视在金城屯田，也常调动指挥军队驻扎屯田，征发各郡屯田兵配合治羌征羌部署，所以，护羌校尉的职责还兼理屯田。②

有学者者认为还可从行政区划的角度分析护羌校尉的性质，有助于理解它与郡太守等地方行政官员的关系。周振鹤在阐释行政区划史研究的

① 大庭脩．秦汉法制史研究[M]．徐世虹，等译．上海：上海人民出版社，2017．

② 谢绍鹢．西汉护羌校尉研究[D]．西安：西北大学，2007．

基本概念时，提出了“准政区”的概念，即具备行政管理职能和行政组织但不属于国家划定的正式行政管理区域的区域，主要指监察、军管、理财、宗教事务区域及边疆与少数民族特殊治理区域。[①] 护羌校尉“主西羌”，管辖区域不属于汉代任何一级正式行政区划，是少数民族特殊治理区域，符合以上定义的“准政区”概念。护羌校尉凭借中央政府授予的“主西羌”的特殊职能，涉入河西地方行政事务，它与河西诸郡的关系围绕着管理羌族事务的特殊职能而展开，因此护羌校尉与郡太守虽没有明确的上下级关系，但在处理涉羌事务中往往可以指挥、统领郡太守。可见护羌校尉的辖区是汉代正式行政组织以外，为履行治理羌族的特殊职能所划分的区域，应视为汉代地方行政区划体系中的“边缘机构”。[②]

悬泉汉简中有三枚记录羌人发生争斗的诉讼文书颇为重要，对进一步说明西汉时期护羌校尉的职责极具意义，现引述如下。

简 66　年八月中徙居博望万年亭徼外归藏谷，东与归何相近，去年九月中，驴掌子男芒封与归何弟封唐争言斗，封唐（《敦煌悬泉汉简释粹》，Ⅱ 0214 ①：124）

简 67　以股刀刺伤芒封二所，驴掌与弟嘉良等十余人共夺归何马廿匹、羊四百头，归何自言官，官为收得马廿匹、羊五十（《敦煌悬泉汉简释粹》，Ⅱ 0214 ①：26）

简 68　九头，以其归何。余马羊以使者条相犯徼外，在赦前不治，疑归何怨恚，诬言驴掌等谋反。羌人逐水草移徙（《敦煌悬泉汉简释粹》，Ⅱ 0114 ③：440）

此三枚简牍，据发掘者称，虽出自不同探方，编号亦不连续，但内容连贯，字体相同，当为同一册书之散简。此三简记录的是一起羌人间

① 周振鹤．行政区划史研究的基本概念与学术用语刍议［J］．复旦学报（社会科学版），2001（3）：31-36.

② 丁树芳．两汉护羌校尉研究述评［J］．南都学坛，2014（2）：17-20.

因斗殴抢夺财物，一方诬告另一方谋反的案件。根据相关纪年简推断，三枚简当为西汉时简。[①]

简中“博望万年亭”，当为博望侯官下属的万年亭；“儌”通“徼”；“使者”指护羌使者、护羌校尉；“条”这里指护羌校尉处理羌务的有关规定；所谓“相犯儌外，在赦前不治”，实际上是说发生在塞外的羌人争斗事件，护羌校尉无权或无力管辖，这也正与传世文献中所记护羌校尉负责管理凉州刺史部境内羌人事务相一致。也正是因为这一原因，处理此案时，护羌使者只为归何追回被驴掌等人抢夺马、羊的一部分，便准备了结此案。[②]

简 69 七月壬午，御史大夫卿下吏护羌校尉、将军……（A）七月癸丑，御史齐卿以来……（B）(《敦煌悬泉汉简释粹》，Ⅱ 0314②：179)

简 70 入西皁布纬书二封，大司徒□□□□□□□。蒲封□□□□□□□□□□……纬破。一护羌校尉□□□□□□。(《敦煌悬泉汉简释粹》，Ⅱ 0114②：275)

简 71 □府，一诣御史，一诣左冯翊府，一诣武威府，一诣京兆尹府，一诣安定，一诣赵相府，一诣金城，一诣南河尹府，一诣□□，一诣护羌，一诣鱼泽，一诣□□，一诣渊泉，一诣宜禾护蓬，一诣宜禾，一诣□曹护蓬，一诣定（？）汉尉。(《敦煌悬泉汉简释粹》，Ⅵ F13C①：25)

简 69 记载了御史大夫下达给护羌校尉的朝廷公文；简 70 是一份西达邮书的记录，与护羌校尉有关；简 71 是一封邮书简，文中的“护羌”可能为“护羌校尉”的省称，此简反映的内容与军情有关。悬泉汉简中的这三条简文，反映了西汉宣帝以后至东汉年间护羌校尉的存在和活动情况。

① 胡平生，张德芳．敦煌悬泉汉简释粹[M]．上海：上海古籍出版社，2001：167.

② 刘国防．西汉护羌校尉考述[J]．中国边疆史地研究，2010（3）：9-17+148.

西汉时期，汉与羌人的矛盾虽不像东汉那样尖锐，但由于边吏的侵夺和执御不当，羌人也多次反叛。悬泉汉简中保留了宣帝至王莽时期羌人起事的零星记载。

简 72　……琅何羌□□疆藏□□□行在所，以令为驾二乘传。十一月辛未皆罢。当舍传舍，从者如律令。(《敦煌悬泉汉简释粹》，Ⅰ 0210 ③：6)

简 73　铸羌人入徼盗发数移。(《敦煌悬泉汉简释粹》，Ⅱ 0215 ④：7)

简 74　闻羌人买谷民间，持出塞甚众。长史废不为意，未有坐者，务禁防之。(《敦煌悬泉汉简释粹》，Ⅱ 0216 ②：39)

简 75　一封长史私印，诣广校候，趣令言羌人反状。□在广至。闰月庚子昏时，受遮要御杨武行，东。……趣令言羌反状。博望候言，羌王唐调言并发兵在澹水上。(《敦煌悬泉汉简释粹》，Ⅱ 0216 ②：80)

简 76　博望雕秩候部见羌虏为盗……(《敦煌悬泉汉简释粹》，Ⅲ 0809 ④：35)

简 77　□□□普、张崇钦言：羌人黠，连殴击背，若首发。(《敦煌悬泉汉简释粹》，Ⅱ 0113 ①：39)

简 78　益广言校候部见羌虏将为渊泉南藉（籍）端□□……(《敦煌悬泉汉简释粹》，Ⅵ H ll：1)

简 72 和简 73 反映的是宣帝神爵年间西羌反叛的情况，简 74 和简 75 反映的是元帝永光、建昭年间陇西羌人反叛时河西羌人与之呼应的记录。简 76 至简 78 反映的是王莽时期西平羌人起义时河西羌人的动向。

这一时期，羌人叛服无常，羌汉关系呈现出许多反复性。西汉王朝为了解决归附羌人的稳定问题，对羌人采取了一系列有效的管理措施。敦煌悬泉汉简为此提供了许多重要的佐证。

中原王朝为了有效地管理归附诸羌，对其给予一定的赏赐和优待，对诸种羌豪仍然承认其统治地位，并封以“王”或“侯”的称号。

简 79　敦煌太守快使守属充国送牢羌、□□羌侯人十二……(《敦煌

悬泉汉简释粹》，Ⅰ 0210 ③：6）

简 80 出粟一石，马五匹，送羌王索卢□东……（《敦煌悬泉汉简释粹》，Ⅱ①：4）

简 81 出粟一斗八升，以食守属萧嘉送西罕侯封调，积六食，食三升。(《敦煌悬泉汉简释粹》，Ⅱ 0111 ①：174）

简 82 出钱六十，买肉十斤，斤六钱以食羌豪二人……（《敦煌悬泉汉简释粹》，Ⅱ 0213 ②：106）

这些简中的“羌侯”“羌王”“西罕侯”等当为西汉王朝封授的归附羌豪，政府使其在本种支内拥有与原来几乎一样的地位和权力。这些都是中原政府对归附羌人所采取的优待政策，在很大程度上平复了羌豪的“反叛”情绪，有利于羌族的稳定和社会的发展。对下层羌人则减免赋税，使其保留原有的生活习惯、生产方式等，这对于处于困境的羌人来说，具有很大的吸引力。

在解决羌汉之间或羌人之间的矛盾纠纷时，西汉王朝的中央和地方官员本着“公平公正”的律法原则，对羌人的诉讼事务给予法律上的保障，这是中原王朝有效管理羌人的又一重要举措。

简 83 年八月中徙居博望万年亭徼外归莸谷，东与归何相近。去年九月中，驴掌子男芒封与归何弟封唐争言斗，封唐（《敦煌悬泉汉简释粹》，Ⅱ 0214 ①：124）

简 84 以股刀刺伤芒封二所，驴掌与弟嘉良等十余人共夺归何马廿匹、羊四百头。归何自言官，官为收得马廿匹、羊五十（《敦煌悬泉汉简释粹》，Ⅱ 0214 ①：26）

简 85 九头，以其归何。余马羊以使者条相犯徼外，在赦前不治，疑归何怨恚，诬言驴掌等谋反。羌人逐水草移徙（《敦煌悬泉汉简释粹》，Ⅱ 0114 ③：440）

“儌”通“徼”，“外”即塞外，可见，羌人虽居塞外，但发生纠纷要告当地官处理，说明他们已经归顺为郡县官府管理下的臣民。

简 86　归义聊羌王使者男子初元五年七月□□余输皆奉献诣仁行长史事□□乘传当舍传舍（《悬泉汉简研究》，Ⅴ 1210④：3）

简 87　出粟一石，马五匹，送羌王索卢□东，元始五年十一月癸丑，县泉置佐马嘉付敦煌御任昌。（《敦煌悬泉汉简释粹》，Ⅱ 0113①：4）

简 86 和简 87 说明各归义羌人由“王”统治，是汉朝对羌人实行羁縻政策的明证。西汉王朝对羌人的管理，运用了拉拢怀柔的羁縻政策，在保证诸种羌豪原有地位和权力不变的前提下，采取了一系列优待政策，从而保持了羌族社会组织和社会秩序的基本稳定，有效加强了对羌人的管理和统治。

诸简所记显示出西汉王朝对敦煌地区的羌人管理尚能持较为开放的政策，保障边郡与塞外羌人的友好共处、往来交流，对羌豪的礼遇与拉拢以及保持归义羌人原有的社会组织亦体现汉廷对待羌人的安抚态度。西汉王朝采取武力与安抚相结合的方针政策与羌人交往，一方面对羌人进行监视，防范其与匈奴勾结，另一方面通过对羌人的有效管理，使之成为安定西部边境的一支力量。该政策尤其针对羌、小月氏等未能形成一定政治实体与联盟的分散族群。羌人叛乱此起彼伏，汉廷镇压似无止境，面对来自北部的匈奴的频频威胁以及不时与羌、月氏联合“绝汉道”者，西汉王朝态度自然不存在完全接纳，此亦为西汉王朝针对羌人设立护羌校尉及众属官的原因，某种程度上反映出西汉王朝对河西境内诸少数民族政治态度的复杂。[①]

西汉时期对羌族的各种管理措施有效地推动了羌族的社会发展，加速了羌族的汉化进程。汉羌生产、生活之间的交流与交融，在很大程度上促进了民族的和谐与发展，汉羌文化的交融谱写了中华民族灿烂文明

① 杨富学，刘源．出土简牍所见汉代敦煌民族及其活动[J]．敦煌研究，2019（3）：32-45.

的辉煌篇章。

（二）郡县河湟，隔绝羌胡，招抚西羌

西汉王朝虽在元狩年间击匈奴时即已开辟湟中地区，但当时只是军事占领，并没有设置郡县。郡县的设置要到汉昭帝始元六年（公元前 81 年），《汉书·昭帝纪》记载："秋七月以边塞阔远，取天水、陇西、张掖郡各二县置金城郡"。金城郡初设时所辖的六县有陇西郡的枹罕、白石，天水郡的榆中、金城，张掖郡的令居、枝阳。[①] 金城郡初设时的治所在金城（今甘肃兰州西），后迁至允吾（今青海民和县东南下川口）。[②] 在金城郡设立后的二十年左右，金城作为西通河西、西域的重要通道，为湟水流域的开发和建设起了重要的作用。据居延汉简简文记载，昭帝元凤三年（公元前 78 年），金城郡就与张掖郡、酒泉郡、敦煌郡并列，为中西交通大道上的名城。[③] 随着形势的发展，地节二年（公元前 68 年），汉宣帝在河西设置武威郡，与金城郡毗连，金城这个渡口的战略地位就更加重要了。西汉王朝设置金城郡的主要目的是要将金城与河西的武威、张掖、敦煌、酒泉四郡相互联系和支持，共同起到"隔绝羌胡"的作用。甘露元年（公元前 53 年），匈奴呼韩邪单于降汉，从此匈奴对西汉王朝的威胁减弱，因而，金城作为"隔绝羌胡"的地位也就下降。

从金城郡初设时所辖的六县可以看出，当时金城郡县尚未直接设在湟中地区，随着汉军势力不断的西伸，到神爵元年（公元前 61 年）赵充国湟中一战，彻底消除了湟中诸羌反汉的隐患，为郡县设在湟中提供了前提条件。神爵二年（公元前 60 年），西汉政府又增置了允街、允吾、

---

① 陈梦家．汉简缀述 [M]. 北京：中华书局，1980：188.

② 王宗维．汉朝对金城的开发与建设 [J]. 兰州学刊，1988（1）：93-101.

③ 居延汉简 303·12（甲 1584）。

浩亹、破羌、安夷、河关、临羌等县，隶属于金城郡。[①] 这样，金城郡的属县达到了十三个，其中允街、允吾、浩亹、破羌、安夷、临羌六县均在湟水流域。金城郡在湟水流域的统辖范围更加扩大，重点需要转移，于是，金城郡后来的治所迁至允吾。关于允吾的地理形势，根据《水经注·河水》记载，允吾，“金城郡治也”“河水径其南”“浩亹水东至允吾入湟水”“又东径允吾县北，为郑伯津，与涧水合”。这里不但紧扼黄河的几个重要渡口，也是控制河西走廊的咽喉，通达湟中地区的门户，其地理位置非常重要。可见当时把金城郡治移到允吾，是颇具政治远见和战略眼光的。金城郡的主要任务，也转向开发湟水流域、安抚和管理西羌了。

西汉的边郡皆设有都尉一职，而且边郡都尉分数部。严耕望对西汉的边郡部都尉做了详细的考证，并根据所考证西汉各边郡部都尉得出两条规律：“第一，边郡置尉远较内郡为多。第二，其名称治所排列因郡所边邻者而异。”[②] 金城郡是否有郡都尉，史无明确记载。按《水经注·河水》记载，“湟水又东南径小晋兴城北，故都尉治。阚骃曰：允吾县西四十里有小晋兴城”，则金城郡似有郡都尉。[③] 又《汉书·赵充国辛庆忌传》记载，“(充国)遂西至西部都尉府，日飨军士，士皆欲为用。虏数挑战，充国坚守”，可推知西部都尉即设在金城郡境内。按照严耕望的说法，“其名称治所排列因郡所边邻者而异，如北方沿边诸郡都尉类作东西排列，以面对匈奴；他如乐浪置南、东两尉，以面对朝鲜；陇西置南部

① 浩亹、临羌二县见《赵充国辛庆忌传》。《汉书·地理志》记载神爵二年设置的有允街、破羌，据清代学者全祖望、王绍兰等人校勘考证，河关县的设置时间亦为神爵二年。但允吾、浩亹、临羌三县为何时所置，史无明载。一般认为也是神爵初年。

② 严耕望．中国地方行政制度史·甲部（秦汉地方行政制度）[M]．台北:《史语所专刊》之四十五 A，1961：158.

③ 陈梦家．汉简缀述 [M]．北京：中华书局，1980：128.

尉，广汉置北部尉，以夹制氐、羌”[①]，则设在金城郡境内的西部都尉应主要面对湟水流域的西羌。当时陇西郡因羌人屡犯南部，西汉王朝在陇西郡的临洮县设南部都尉府，以面对陇西郡南部的羌人，所以在羌人聚集的湟水流域就更应该设西部都尉府。史学界对西部都尉府的治所多有争议。刘满认为西部都尉府治所在西汉的临羌县[②]；王宗维在《<汉书·赵充国传>中的鲜水》中指出，西部都尉府的治所在西汉允吾县西四十里的小晋兴城；在《<汉书·赵充国传>中的西部都尉府治辨析》中，陈青荣认为西部都尉府的治所在西汉的安夷县。不管是临羌县，还是允吾县、安夷县，都在湟水流域，所以西部都尉府治所在湟水流域毫无疑问，其主要任务是应对羌族也是无疑的。而宣帝时期赵充国平定羌乱主要在西部都尉府指挥，以西部都尉府为据点，力排众议，成功地平定了羌乱，在羌乱平定以后，赵充国也主要以西部都尉府为大本营进行屯田，对后来的羌族管理奠定了重要的基础。金城郡除有西部都尉外，《水经注·河水》记载还有广武都尉：“湟水又东径枝阳县……又东南径广武城西，故广武都尉治。”西汉在湟水流域的设防，除了安抚众羌、保境安民的目的以外，更重要的是执行西汉断匈奴右臂、割断羌匈联盟的战略方针，以保障西汉政权对西域的统治和东西贸易的畅通无阻。

（三）设置道、属国，安抚降羌

道，是秦汉时期用来安置降附四夷的县级行政单位。《汉书·百官公卿表》云：“有蛮夷曰道。”由于西羌诸部常配合匈奴寇掠边塞，攻陇西等郡，汉羌之间的战争不断，随着降附西汉王朝的西羌族人日渐增多，

① 严耕望．中国地方行政制度史·甲部（秦汉地方行政制度）[M]. 台北:《史语所专刊》之四十五 A，1961：158.

② 刘满．鲜水及其有关的民族和交通线路探讨 [J]. 青海社会科学，1982（3）：96-103.

为安置降羌，西汉政府在陇西等郡设道处之。同时，在其他郡县也安置一些降羌。汉景帝时，研种羌豪留何率种人内附，西汉政府将他们安置到狄道、安故、临洮、氐道、羌道[①]等县。现存汉代封泥还有“青衣道令”“刚羝道长”“故道令印”“灵关道长”。[②]在道令、道长之下，与县一样置丞、尉等佐官。此外，现存封泥有“夷道丞印”“严道丞印”“灵关道丞”及“刚羝右尉”“严道左尉”等。[③][④][⑤]从封泥看，道一般有丞一人，左、右尉两人，这可能与当时有少数民族居住的“道”需要加强管理有关。

在西汉三十二个“道”中，属于氐羌聚居地的有广汉郡的甸氐道、刚氐道、阴平道，蜀郡的严道、湔氐道，越嶲郡的灵关道，武都郡的故道、平乐道、嘉陵道、循成道、下辨道，陇西郡的狄道、氐道、羌道，天水郡的戎邑道、绵诸道、略阳道、豲道，总共十八个道。汉代羌族聚居地所设立的“道”，多承秦制，随着郡县制的成熟，在行政职能上与县逐渐融合，在职官设置、司法职权、居民管理等方面与县也渐趋一致。[⑥]也有出土简牍史料证明这一观点。

简88　发传送，县官车牛不足，令大夫以下有訾（赀）者，以訾（赀）共出车牛及益，令其毋訾（赀）者与共出牛食、约、载具。吏及宦皇帝者不与给传送。事委输，传送重车重负日行五十里，空车七十里，徒行八十里。免老、小未傅者、女子及诸有除者，县道勿敢繇（徭）使。……（《张家山汉墓竹简》，C：71、C：83、C：97）[⑦]

① 范晔．后汉书[M]．北京：中华书局，1965：2876.

② 吴式芬，陈介琪．封泥考略[M]．北京：中国书店，1990：582.

③ 吴幼潜．封泥汇编[M]．上海：上海古籍出版社，1984：786.

④ 孙慰祖．古封泥集成[M]．上海：上海书店出版社，1994：535-536.

⑤ 康殷．印典[M]．石家庄：河北美术出版社，1991：575.

⑥ 杨建．略论秦汉道制的演变[J]．中国历史地理论丛，2001（4）：10.

⑦ 张家山二四七号汉墓竹简整理小组．张家山汉墓竹简[M]．北京：文物出版社，2006：64.

汉初制定的这些律令，在属于西汉中晚期的史料中仍能得到佐证。

简 89 甘露三年四月甲寅朔庚辰，金城太守贤、丞文，谓过所县、道官：遣浩亹亭长桼贺以诏书送施刑伊循。当舍传舍，从者如律令。（《敦煌悬泉汉简释粹》，Ⅱ 0114 ④：338）

简 90 河平元年八月戊辰朔壬午，敦煌太守贤、丞信谓过所县、道：遣广至司空啬夫尹猛，收流民东海、泰山，当舍传舍，从者如律令。八月庚寅过东。（A）佐高卿二在所，官奴孙田取诣□□所。（B）（《敦煌悬泉汉简释粹》，Ⅱ 0315 ②：36）

简 91 元延二年七月乙酉，居延令尚、丞忠移过所县道河津关：遣亭长王丰以诏书买骑马酒泉、敦煌张掖郡中，当舍传舍，从者如律令。守令史诩、佐褒。七月丁亥出。（《居延汉简释文合校》，170・3）

这些在时代上属于汉宣帝、汉成帝时期的地方政府之间的移书，证明了就向地方上摊派徭役这件事情而言，汉朝廷一贯不区分县与道。[①]

关于“属国”，《史记》和《汉书》云“因其故俗为属国”，《史记正义》释义为“各依本国之俗而属汉，故言属国也”。所谓属国，即让内徙、降附的少数民族，在不改变其原有部落组织形式、生产方式和生活习俗的前提下，接受汉朝的统治。西汉的属国相当于郡级军政单位，管人而不辖地，归郡守统领。据《汉书・百官公卿表》记载，“武帝元狩三年，昆邪王降，复增属国，置都尉、丞、侯、千人”。孙言诚根据居延汉简分析认为，都尉和丞之下是司马[②]，有待进一步考证。根据《汉书・赵充国辛庆忌传》的记载，赵充国破先零，降罕、开，仅先零羌降汉的就有三万一千二百人，后又有五千余人降汉，此外，还有降汉的煎巩、黄羝等羌族的四千余人，共计约四万余人，这已非以前零星羌人降汉。降人多者设道，少则安置在普通县之中，随着羌人降附的大量增加，设置

① 苏家寅．汉代道制政区的起源 [J]. 史学月刊，2021（5）：48-59.

② 孙言诚．秦汉的属邦和属国 [J]. 史学月刊，1987（2）：14-21.

属国已势在必行。据《汉书·宣帝纪》记载，“神爵二年夏五月，羌虏降伏，斩其首恶大豪杨玉、酋非首，置金城属国以处降羌”。西汉王朝从武帝元狩三年（公元前 120 年），历经昭、宣二帝，共设置了七个属国，即安定属国、天水属国、上郡属国、西河属国、五原属国、张掖属国、金城属国。西汉时，安定属国管理的民族既有匈奴族也有羌族。据《汉书·匈奴传》记载，昭帝元凤二年（公元前 79 年），“单于使犁汙王窥边，言酒泉、张掖兵益弱，出兵试击，冀可复得其地。……张掖太守、属国都尉发兵击，大破之，得脱者数百人。”此处的“属国”即张掖属国。

金城属国是专为安置内附羌人部落而设置的，属凉州刺史部。西汉的金城属国是否有属国都尉，史学界对此有争议。陈梦家认为：“西汉时期所设九个属国，除金城、北地外，都设都尉。”① 王宗维在《汉代的蜀国》一文中指出，“金城属国都尉治所最初在金城郡允吾县西”。边章认为：“按照汉代的制度，属国的最高军政长官是都尉，但是遍查两汉书，金城属国都尉一官从未出现过，更不用说有什么人担任过这一职务，而其他属国绝无此现象。”② 马兰州通过多方考证得出结论：“西汉的护羌校尉也就是金城属国的属国都尉。”③ 胡小鹏指出，护羌校尉就是金城属国的属国都尉：它们职责一致，都是领护西羌部落；品秩相同，都是比二千石；驻地也相同，护羌校尉治金城郡令居塞；护羌校尉设置的时间也就是金城属国都尉出现的时间，即汉宣帝神爵二年，并不是汉武帝元鼎六年（公元前 111 年）。④ 笔者赞同这一观点：前文论证西汉的护羌校尉作为常设官职是宣帝神爵二年（公元前 60 年），而金城属国

① 陈梦家．汉简缀述 [M]// 陈梦家．西汉都尉考．北京：中华书局，1979：133.

② 边章．两汉的护羌校尉 [J]. 西北师大学报（社会科学版），1991（1）：21-23.

③ 马兰州．护羌校尉与金城属国 [J]. 历史教学，2002（12）：66-68.

④ 胡小鹏．两汉的金城属国和护羌校尉 [M]// 西北师范大学历史系．西北史研究：第一辑（上）．兰州：兰州大学出版社，1997.

也置于这一年，西汉护羌校尉的治所在令居塞，[①] 具有持节领护西羌的职能，是主西羌事的行政官员，再设金城属国都尉一职，应是重复，因此西汉的护羌校尉兼行金城属国都尉的行政职能。

金城属国的管辖对象是人口部落集中的降羌，金城属国的管理机构内部结构由上层机构和下层机构组成。上层机构由汉官担任，主要是武职，由上文所考证的护羌校尉及其属官组成，护羌校尉兼行金城属国都尉的行政职能；下层机构由西汉王朝册封的羌族部落首长仟长、佰长等构成，金城属国的设置与宣帝对羌豪的册封是同时进行的，《汉书·赵充国辛庆忌传》记载，“封若零、弟泽二人为帅众王，离留、且种二人为侯，儿库为君，阳雕为言兵侯，良儿为君，靡忘为献牛君”。汉王朝封授如此众多的西羌酋豪为侯王君长，目的是通过他们以接受汉朝统治为条件来统治其原有部落。可见，金城属国下层机构不是划地而设，而是因部落而设，以“因其故俗”。

西汉王朝对于被安置在金城属国、道和普通县的羌人，给以不同的权利和义务。处于金城属国的羌人，具有较高的自治权利，上文所言金城属国的内部结构表明了这一点。诸降羌对西汉王朝承担的义务，最突出的要数服兵役了。《汉书·赵充国辛庆忌传》记载：“时上已发三辅、太常徒弛刑，三河、颍川、沛郡、淮阳、汝南材官，金城、陇西、天水、安定、北地、上郡骑士、羌骑，与武威、张掖、酒泉太守各屯其郡者，合六万人矣。”西汉王朝征发三辅等郡兵平先零羌，其中就有金城、陇西、天水、安定、北地、上郡的骑士和羌骑。《汉书·冯奉世传》记载，元帝永光二年（公元前42年），陇西彡姐种反，右将军冯奉世所

① 《资治通鉴．汉纪四十一》永初四年胡注：“按《水经注》羌水出湟中西南山下，径护羌城东，故护羌校尉治，又东径临羌城西。护羌校尉盖治金城郡临羌县界也。然宣帝置护羌校尉，本治金城令居，东都定河陇之后，护羌校尉治安夷县，既而自安夷徙临羌。”

率领的军队中就有“三辅、河东、弘农、越骑、迹射、佽飞、彀者、羽林孤儿及呼速累、嗕种”。嗕种为西羌的一种。这还可从《汉书·赵充国辛庆忌传》中的赵充国《屯田奏》看出来，其中说到“计度临羌东至浩亹，羌虏故田及公田，民所未垦，可二千顷以上……愿罢骑兵，留弛刑应募，及淮阳、汝南步兵与吏士私从者，合凡万二百八十一人……发郡骑及属国胡骑伉健各千……为田者游兵”。赵充国认为应把湟水流域二千顷以上的田地归郡、县的编户耕种，一些山谷草场则由属国羌民游牧。屯民由原先的各县和神爵二年（公元前 60 年）设置的破羌县管理，属国都尉则管理游牧民族。另外，从上述史料中的“发郡骑及属国胡骑伉健各千”可以看出，金城属国当时也有属国兵，也就是说，属国的羌民也有对汉朝廷服兵役的义务。①

当然，也有学者提出相反的观点，认为金城属国未见有属国都尉是事实，金城属国因金城郡驻有护羌校尉，因此不另设属国都尉，但河湟地区的羌胡牧民仍按属国吏民对待。这样一来，可防止权责过分重叠，又能达到同样性质的治理效果。所以金城湟水两岸地区是不设属国都尉的属国。但护羌校尉并不是金城属国都尉，护羌校尉更不隶属典属国。金城属国都尉的职权由护羌校尉和金城西部都尉兼理。②

综上所述，西汉王朝对羌族的管理实行的是郡县属国与护羌校尉并行的双轨制。金城郡及其辖县的设置，使河湟东部地区正式纳入了中央王朝的郡县体系。护羌校尉与金城属国的设置，是汉羌民族关系发展到新阶段即河湟地区羌胡各部落纳入西汉中央王朝疆域内的政治表现，也是西汉中央政权对河湟羌人行使有效管辖的开始。这一双轨制在《汉书·赵充国辛庆忌传》中有所体现，设立金城属国与赵充国开湟中屯田是同时进行的，赵充国《屯田奏》云：“计度临羌东至浩亹，羌虏故田及

① 安梅梅．两汉的属国制度 [J]．兰州：西北师范大学，2005.

② 谢绍鹢．两汉护羌校尉研究 [D]．西安：西北大学，2007.

公田，民所未垦，可二千顷以上……愿罢骑兵，留弛刑应募，及淮阳、汝南步兵与吏士私从者，合凡万二百八十一人……发郡骑及属国胡骑伉健各千……为田者游兵。”王宗维在《汉代的蜀国》一文中指出，“这样，把湟水流域二千顷以上的田地归郡、县编户耕种，河川以外的山谷草场由属国羌民游牧；原先已经设立的各县和神爵二年（公元前60年）设立的破羌县管屯民，属国都尉管理牧民，保卫农田，也是一块地方实行两套管理制度”。

西汉形成了羌族部落众多、大分散、小聚居的地域分布特点。羌族的这种分布格局不同于西汉北方的匈奴等族比较集中的特点，也没有形成一个统一的部落联盟或政权。因此，面对这种情况，汉朝政府只能从实际出发，根据不同的情况设置不同的民族管理建置来管理归附和内徙的羌人。具体来说，汉朝政府对归附的羌族部落实行属国制的管理，对内徙于边郡的人数较多、比较分散的部落派护羌校尉领护，对分散于郡县内相对比较集中的羌人部落设置道。西汉对内徙的羌族采取了属国、护羌校尉、道等不同的民族管理建置，这种多元化的民族管理建置具有各自不同的管理系统，职责和权限也不同，适应了西汉各羌族部落社会经济和文化发展水平不一的现状，体现了西汉对羌民族政策的灵活性、多样性和包容性，具有一定的合理性。这种多元民族管理建置的管理模式，对后世也产生了深远的影响。[①] 这些多元民族管理建置的实施，在一定程度上体现了西汉在处理羌人问题时政策的灵活性和多样性，也体现了西汉对待羌人问题的包容性。而且这些对羌的多元民族管理建置的实施，确实在西汉取得了很好的效果。西汉时期，西部边郡地区相对来说较为安定，这使西汉政府可以集中精力去对付北方的匈奴，很好地达到了其隔绝羌胡、稳定边疆的目的。

① 安梅梅，李晓东．略论汉代对羌的多元民族管理建置[J]．天水师范学院学报，2016（4）：60-63.

四、对西汉时期羌族政策的评价

西汉王朝制定了一系列的羌族政策，这些政策都是从属并服务于“隔绝羌胡”这一核心的。可以说，西汉王朝的羌族政策一直是围绕着羌、汉、匈奴三个民族的关系展开的。匈奴制约着众羌与东北的乌桓，形成对汉的三面夹击之势，并因之在汉的北疆进行了长达半个世纪的“行盗驱侵”。在匈奴辖羌胡的咄咄攻势面前，和亲政策并不能确保西汉统治的万无一失，处境尴尬的西汉统治阶级不得不考虑改变被动挨打局面这一最实际的问题。而要扭转局面，“图制匈奴”乃当务之急。“图制匈奴”可分为对内与对外两方面。对内表现为汉王朝从经济、政治与军事上增强实力。西汉初“文景之治”的主要收获就在于大大增强了西汉王朝的综合国力。对外表现为汉武帝的外交策略。张骞于武帝建元二年（公元前 139 年）出使西域，就带着隔绝匈奴与西域诸国联系的重大外交使命。从武帝初开河西，羌匈联盟第一次被打破，之后羌匈联盟虽有短暂的恢复，但随着武帝开湟中、逐羌徙民措施的实施，羌匈联盟完全被打破。所以武帝的羌族政策是从地域上隔绝羌与匈奴的联系，但隔绝羌胡的历史使命还远远没有完成。宣帝时期的羌族政策也是围绕“图制匈奴”展开的，宣帝年间的羌族反汉在赵充国分化瓦解策略下被各个击破。赵充国长期与匈奴打过交道，在平定羌乱的时候，他考虑更多的是“匈奴不可不备，乌桓不可不忧”，其采取的羌族政策也是从隔绝羌匈联盟的战略出发的。赵充国建议汉政府设金城属国，“以处降羌”，那些叛服无常的降羌则被迁徙到令居塞内，以便直接控制。与汉武帝逐羌措施相比，赵充国更注重对降羌的安置工作。这一政策的变化其实是对过去逐羌措施的轻微否定。汉武帝是以“逐”达到地域的“隔”，而赵充国则是以控制羌来实现隔离，二者只是作法上的不同。

从西汉王朝对羌族的管理来看，通过上文对护羌校尉的考证，西汉护羌校尉的职责主要是“护羌”，这也是由西汉“隔绝羌胡”的羌族政策所决定的。金城郡的设立，把中原的郡县制延伸到了河湟地区，加强了西汉王朝对河湟的控制。金城郡西部都尉府的设立，其出发点也是执行西汉断匈奴右臂、割断羌匈联盟的战略方针，以保障西汉政权对西域的统治和东西贸易的畅通无阻。西汉王朝创造性继承了先秦的羁縻政策以及秦的道制，首创属国制，依异族的习俗而制，尊重其习俗，维持其原社会制度，使属国与汉朝形成较稳固的“藩属”关系，有利于双方的安定与发展。金城属国的设立，对降羌因俗而治，其实质也是“护羌”，有利于降羌的稳定。西汉王朝对羌族实行管理的郡县属国与护羌校尉并行的双轨制，是对分散的羌人和集中的降羌进行有效管理的双轨机制，这种对羌人区别对待、因俗而治的双轨机制，互相补充，相得益彰，保证了河湟地区的稳定。总之，西汉王朝对羌族管理的出发点是“护羌”，这一出发点的实质是为了保证“隔绝羌胡”的羌族政策的有效实施。汉朝对河西的归义羌人实行护羌校尉与郡县属国并行的双轨制管理体制，并辅之以较为温和宽松的民族政策，既适应专制主义中央集权统治的需要，又与边疆民族地区的实际相结合，对于维护边疆地区的社会稳定、促进经济发展发挥了重要作用。西汉在西北边疆奉行开拓政策之时，对羌族设置专门管理民族事务的机构，设郡而治，屯田戍守，徙民实边，以及将羌族入迁内地，促进了我国统一的多民族国家的确立和初步发展。这就是西汉民族政策开拓性的特点。西汉的屯田戍守、徙民实边政策对开拓疆土有着十分重大的意义，不仅巩固了边地，开发了边疆，而且给各少数民族带去了先进的经济和文化，既促进了各民族之间的交往，又有利于少数民族地区经济和文化的发展。

西汉对羌政策是整体民族政策的一个有机组成部分。对羌政策和对匈奴、乌桓、鲜卑等北方民族的政策紧密相关。武帝时期夺取河西、河湟地区，平定羌乱，都是为了孤立匈奴，切断羌人与匈奴的联结，打通通往西域的道路，“断匈奴右臂”。这些行动也确实打击、削弱了匈奴的势力，在汉匈斗争中争取到主动权，改变双方攻守的态势。赵充国在神爵年间平息羌乱，设立金城属国，推荐护羌校尉，更是在这个地区较牢固地建立了汉的统治。

西汉时期的属国制度已比较完善，不管是唐宋时期的羁縻府州制还是元明清时期的土司制度，其渊源都可以追溯到西汉时期的属国制度。当然，在一定程度上，属国制度的合理内核，也被我国现在的民族区域自治制度所接受。因此可以说，西汉的属国制度在我国古代羁縻政策发展史上占有重要的地位，为以后羁縻统治政策的发展奠定了基础。

第二节　王莽时期的羌族政策与对羌族的管理

一、王莽摄政时期重金收买的羌族政策

王莽摄政时期对各边疆民族实行一系列的边疆政策，其中之一就是以收买为主的政策。在重金收买羌族之前，王莽就对匈奴实施了重金收买政策，以达到分化、瓦解、削弱匈奴的目的。据《汉书·王莽传》记载，元始五年（公元 5 年），王莽遣中郎将平宪等携带大量“金币”出使西羌，“诱塞外羌，使献地，愿内属”。同年，羌酋良愿等所属诸羌，人口约万二千余人，慑于西汉的武力，同意献鲜水海、允谷盐池，“平地美草皆予汉民，自居险阻处为藩蔽”。王莽得西海地区后，奏报临朝的太后王政君，谓当时已有东海郡、南海郡、北海郡，请在良愿等所献的地区设置西海郡，以实现“四海一统”。元始五年，西海郡设立，治龙夷（又名龙耆）。考古工作者在青海海晏县三角城，即青海湖东北侧、湟水南岸，发现了一座汉代古城，城内出土了篆刻有“西海郡虎符石匮，始建国元年十月癸卯，工河南郭戎造”铭文的虎符石匮，据专家考证，

该城即西海郡城。汉政府在西海郡置太守，郡下设五县，并分设驿站及烽火台。西海郡的存在虽然很短暂，但西海郡的设置把汉代西部疆域和郡县制扩大到青海湖地区，使河湟西羌活动地区纳入了西汉王朝的政治统治区域之内。但王莽在摄政期间所采取的重金收买政策，“并不是为了巩固西汉王朝对各边疆民族的统治，而是为了顺利取代西汉刘氏政权，即想借此标榜其在摄政期间得到了四夷的拥戴和支持”[①]。王莽置西海郡遭到了西羌的反对，居摄元年（公元6年），羌人首领庞恬、傅幡等举兵围攻西海郡。西海郡太守程永弃城逃走，后被王莽处死。次年，王莽遣护羌校尉窦况等击败羌人，恢复西海郡。新地皇四年（公元23年），王莽政权崩溃，西海郡随之废弃。其存在时间约为19年。王莽设立西海郡的本意是制造四夷归服、天下太平的舆论氛围，从而为自己上台造势。

二、王莽立新后削弱羌族统治势力的羌族政策

王莽废汉立新后不久，即开始着手对西汉王朝的边疆政策进行改革。《汉书・王莽传》记载，始建国元年（公元9年），王莽下令：“天无二日，土无二王，百王不易之道也。汉氏诸侯或称王，至于四夷亦如之，违于古典，缪于一统。其定诸侯王之号皆称公，及四夷僭号称王者皆更为侯。”依王莽的号令，“王侯以下及吏官名更者，外及匈奴、西域，徼外蛮夷，皆即授新室印绶”，并将西汉所颁授的印绶收回。于是使者四出，“其东出者，至玄菟、乐浪、高句骊、夫馀；南出者，逾徼外，历益州，贬句町王为侯；西出者，至西域，尽改其王为侯；北出者，至匈奴庭，授单于印，改汉印文，去‘玺’曰‘章’。”西出的使者到西域，包括进入羌族部落，将西汉所封的羌王均改为羌侯，这降低了羌豪的政治地位，使其与中原王朝处于更不平等的地位。同时，王莽还命怀羌子王

① 李大龙．西汉时期的边政与边吏[M].哈尔滨：黑龙江教育出版社，1996：48.

福为五威右关将军坐镇成固，“西当戎狄”“怀羌于右”。王莽立新后的羌族政策是建立在王莽立新后的边政改革和边疆政策的大背景下的，王莽边疆政策的核心是‘改四夷诸王为侯’，这一政策的制定是针对西汉时期各边疆民族统治者权利过重而采取的，其目的是削弱他们的权力，加强中央对边疆的控制。①

第三节　东汉时期的羌族政策与对羌族的管理

一、光武帝时期统一西羌、复置护羌校尉领护西羌的羌族政策

王莽末年，政局动荡，社会经济凋敝，先后爆发绿林、赤眉、铜马起义，刘汉宗室旧臣也纷纷联合起兵反莽。先零羌封何诸种杀金城太守，占据金城郡。王莽旧部隗嚣，自称西州上将军，占据天水，拥兵十余万，称雄陇右一带。对入塞的西羌，隗嚣竭力拉拢其酋豪以为己所用。隗嚣占据西北诸郡，统辖氐羌，成为东汉王朝初期的割据势力。刘秀称帝建立东汉不久，即着手平定西北割据势力。《后汉书·隗嚣公孙述列传》记载，建武八年（公元 32 年），刘秀派大将来歙攻取隗嚣的军事重镇略阳，随后光武帝亲率大军西征，隗嚣部将牛邯率“大将十三人，属县十六，众十余万皆降”。隗嚣众叛亲离，不久病死。割据陇西一带的隗嚣政权为东汉王朝所灭。伴随着隗嚣政权的覆灭，东汉王朝也完成了对西羌的统一，管理西羌事务也就提到了东汉王朝的议事日程。司徒掾班彪建议：“今凉州部皆有降羌，羌胡被发左衽，而与汉人杂处，习俗既异，言语不通，数为小吏黠人所见侵夺，穷恚无聊，故致反叛。夫蛮夷寇乱，皆为此也。旧制益州部置蛮夷骑都尉，幽州部置领乌桓校尉，凉州部置护

① 李大龙．两汉时期的边政与边吏 [M]．哈尔滨：黑龙江教育出版社，1996：53.

羌校尉，皆持节领护，理其怨结，岁时循行，问所疾苦。又数遣使驿通动静，使塞外羌夷为吏耳目，州郡因此可得儆备。今宜复如旧，以明威防。”① 光武帝接受班彪的建议，以牛邯为护羌校尉。牛邯任职不到一年即死，护羌校尉也随之省废。明帝中元年间，武都参狼羌反，塞外烧当羌寇边，并煽动守塞诸羌反叛，边郡骚动不安。东汉王朝在平定烧当羌后，于永平元年（公元 58 年）重设护羌校尉，以窦融侄窦林充任，与陇西太守同治狄道。

东汉初北方边疆的主要压力来自北方的匈奴、鲜卑、乌桓，特别是匈奴。光武帝在先内后外、舍远谋近的治边思想指导下，放弃了西域；对于强大的北匈奴，也主要采取“以夷制夷”的策略来牵制，把主要精力放在巩固东京洛阳的安全上面。所以，对于西北的羌族，光武帝从西北边疆的全局出发，主要采取稳定的策略。光武帝采取的统一西羌、复置护羌校尉领护西羌的羌族政策，符合东汉初期的边疆大局，是审时度势的。光武帝复置护羌校尉，是对已废弃的西汉制度的重建，护羌校尉的职责也与西汉一脉相承，主要是持节领护羌族，监视羌族各部，实行必要的抚绥。东汉护羌校尉的设置，对保证河湟地区的稳定有着重要作用，因而成为东汉王朝对羌政策的重要内容。大致说来，安帝永初以前，由于凉州郡县内的羌民相对比较稳定，护羌校尉的主要精力放在对付塞外羌人部落上。永初元年（公元 107 年），凉州郡县内爆发了大规模的羌人起义，朝廷穷于应付，始调护羌校尉带兵出战，从此护羌校尉的任务也随之改变，其地位和作用亦日益突出，成为东汉王朝镇压羌民起义所依赖的重要力量，东汉护羌校尉的职能也开始发生变化，由以“护羌”为主变为以军事征剿为主。

① 范晔．后汉书[M]．北京：中华书局，1965：2878．

二、明章和帝时期东汉的羌族政策

（一）强制内徙、将内徙羌人置于郡县管理的羌族政策

东汉王朝对羌人实行的强制内徙的政策，以军事上的胜利为前提，将降附的羌人成批地、有组织地迁徙到以农业生产为主要经济形态的汉人居住群中，使羌人失去原有的游牧生活环境，以达到分解其势，改变其“性坚刚勇猛”、善骑射的尚武习俗，而利于统治的目的。内迁降羌虽然在西汉时也曾有过，但大批的、有目的的、远距离的迁徙始于东汉之马援。建武十一年（公元 35 年），“先零种复寇临洮，陇西太守马援破降之。后悉归服，徙置天水、陇西、扶风三郡”。之后，永平元年（公元 58 年），中郎将窦固、捕虏将军马武等击破烧当羌滇吾部，将降者“徙七千口置三辅”。永平十三年（公元 101 年），护羌校尉周鲔、金城太守侯霸率军打败烧当羌迷唐部，迷唐“降者六千余口，分徙汉阳、安定、陇西”[①]。黄烈曾列举了二十九件东汉时期西羌内徙事件，并指出羌人内徙以强制迁徙为最多。[②] 迁徙的地区也不仅仅限于沿边郡县，安定、北地、西河、上郡乃至三辅地区都有迁徙的羌民，以至在安、顺二帝时出现了“东羌”和“西羌”的区分。胡三省在注释东、西羌时说：“羌居安定、北地、上郡、西河者，谓之东羌；居陇西、汉阳延及金城塞外者，谓之西羌。”[③] 黄烈认为，“范晔在《西羌传》中，虽没有对东、西羌加以介说，但从其行文叙事来看，西羌仍指原来意义上的西羌，而东羌则系指被内徙的羌人，这样的区分是比较合理的”[④]。由于迁徙政策的目的在

① 范晔．后汉书[M]．北京：中华书局，1965：2884.
② 黄烈．中国古代民族史研究[M].北京：人民出版社，1987：89-92.
③《资治通鉴》卷五十二，顺帝永和五年春正月丙子条胡注。
④ 黄烈．中国古代民族史研究[M].北京：人民出版社，1987：87.

于削弱羌人力量，因而终东汉之世，统治者都把这一政策作为重要的羌族政策来执行。

东汉政府将内徙羌人置于郡县管理之下，与汉民杂处，目的在于打破其原有的部落联系，强迫其接受中原王朝的生产生活方式，以削弱其势力，防止羌人形成统一的力量来对抗东汉政府，因此，处理羌胡事务就成为边郡行政长官的重要任务。但内徙羌人与中原郡县的编户民也有区别，黄烈指出，“西晋时，关中之氐已为编户而羌则仍为部民，在此以前，羌非编户，固不待言”[①]。根据黄烈的分析，内徙于内郡的羌人，名义上没有纳入编户，不征赋税，还没有完全被郡县化，但实际上内徙羌人要承担沉重的徭役，根据《汉书·西羌传》记载，“时诸降羌布在郡县，皆为吏人豪右所徭役，积以愁怨”，就很能说明问题。东汉内徙羌人还要承担繁重的兵役，羌胡兵已成了沿边诸郡的重要武装力量，特别是羌兵几乎遍布西北诸边郡。东汉政府在进攻北匈奴时，就曾大量使用羌骑。沉重的徭役、兵役，成为东汉时期羌民起义的主要原因之一。安帝永初元年（公元 107 年），“遣骑都尉王弘发金城、陇西、汉阳羌数百千骑征西域”，就引发了羌人的大起义。

（二）以夷制夷的羌族政策

其一，封授羌人酋豪，分化瓦解羌人势力。东汉王朝与羌族酋豪的关系和西汉王朝有所不同。西汉王朝注重通过封授羌人酋豪“因俗而治”羌人，如前文提到的金城属国制就是这一政策的体现。东汉中后期封授羌人酋豪，目的则主要是限制、打击羌人酋豪，防止其势力增长，封授羌人酋豪变成了“以夷制夷”、镇压羌人反抗的一种手段。如明帝时，烧何酋豪比铜钳率其众归附，后其“种人颇有犯法者，临羌长收系比铜钳，

① 黄烈．中国古代民族史研究［M］．北京：人民出版社，1987：95.

而诛其种六七百人”[①]。章和元年（公元 87 年），护羌校尉张纡假意接纳迷吾投降，却“设兵大会，施毒酒中，羌饮醉，纡因自击，伏兵起，诛杀酋豪八百余人”[②]。可见，对羌人酋豪，东汉政府采取了既利用又打击的政策，而打击则更为严厉。元初四年（公元 117 年），当阗种羌榆鬼等五人刺杀了羌人反汉首领杜季贡，榆鬼被封为破羌侯。同年，效功种号封刺杀零昌，号封被封为羌王。元初五年（公元 118 年），上郡全无种羌雕何等刺杀羌酋狼莫，雕何被封为羌侯。东汉政府就是利用这种手段瓦解了羌人的反汉起义。

其二，利用其他少数民族力量进攻羌人，使其互相牵制。这一政策典型地体现在湟中月氏胡的问题上。《后汉书·邓训传》记载：“先是小月氏胡分居塞内，胜兵者二三千骑，皆勇健富强，……时迷吾子迷唐，别与武威羌种合兵万骑，来至塞下，未敢攻训，先欲胁月氏胡。训……令开城及所居园门，悉驱诸胡妻子内之，严兵守卫。羌掠无所得，又不敢逼诸胡，因即解去，由是湟中诸胡……咸欢喜叩头曰：唯使君所命。训遂抚养其中少年勇者数百人，以为义从。”湟中义从胡始见于此，这就是以湟中月氏胡为主体的羌胡义从部队。这支精锐的义从部队后来逐渐发展壮大，成为护羌校尉营兵，护羌校尉马贤、段颎镇压羌人起义，依靠的就是这支部队。

其三，以羌人攻羌人。永元八年（公元 96 年），护羌校尉史充“发湟中羌胡出塞击迷唐，而羌迎败充兵，杀数百人”[③]。次年，“迷唐率八千人寇陇西……遣行征西将军刘尚、越骑校尉赵代副，将北军五营、黎阳、雍营、三辅积射及边兵羌胡三万人讨之”[④]。永元十三年（公元 101 年），

① 范晔．后汉书 [M]．北京：中华书局，1965：2883.
② 范晔．后汉书 [M]．北京：中华书局，1965：2883.
③ 范晔．后汉书 [M]．北京：中华书局，1965：2883.
④ 范晔．后汉书 [M]．北京：中华书局，1965：2883.

“迷唐复将兵向塞，周鲔与金城太守侯霸，及诸郡兵、属国湟中月氏诸胡、陇西牢姐羌，合三万人，出塞至允川，与迷唐战”[①]。诸如此类，以羌攻羌的例子很多。当然，“以夷制夷”作为一项民族政策，并不单纯用于羌族政策。这一政策为以后历代中原王朝所采用，成为一项重要的民族政策。

（三）广置屯田“以逼群羌”的羌族政策

河湟地区水草肥美，是西羌赖以生存和发展的根本。湟水及黄河沿岸有许多冲积河谷，缘山滨水，土壤肥沃，适宜农耕和畜牧，羌人因之发展了他们的农牧生产。西汉王朝制定了屯田湟中的羌族政策，取得了较好的结果；东汉时期这一政策得到继续贯彻执行，并得以发展。东汉的屯田政策，其目的更加明显地体现在“以逼群羌”，即迫使羌人离开其赖以生存的田畜空间，远徙他乡，使其不能再复兴。

《后汉书·马援传》记载，早在东汉初年，由于西羌势力强盛，西北边郡动荡不安，朝廷内部有许多人主张放弃金城郡破羌县以西地区。陇西太守马援认为：“破羌以西城多完牢，易可依固；其田土肥壤，灌溉流通。如令羌在湟中，则为害不休，不可弃也。”光武帝接受马援的建议，恢复了对湟中的治理，从而使自西汉以来汉王朝对湟水流域的统治得以巩固。不过，对东汉最大威胁的羌人部落并不在湟中地区，而是东汉初年在黄河南岸的大、小榆谷地区形成的强大的烧当羌部落。从建初二年（公元 77 年）武威太守傅育代为护羌校尉用兵烧当，历经张纡、邓训、聂尚、贯友、史充、吴祉、周鲔、侯霸八校尉，费时二十六年，才将烧当羌打败。烧当羌何以如此强盛？当时的隃麋相曹凤在给和帝的上书中指出：“自建武以来，其犯法者，常从烧当种起。所以然者，以其居大、

① 范晔．后汉书[M]．北京：中华书局，1965：2884．

小榆谷，土地肥美，又近塞内，诸种易以为非，难以攻伐。”[①] 依曹凤所言，烧当羌所以强大，主要是其占据大、小榆谷土壤肥美之地，并依黄河为固，西借青海湖渔盐之利，因此，占据其生存空间，是打败羌人的关键，故而曹凤建议东汉政府“宜及此时，建复西海郡县，规固二榆，广设屯田，隔塞羌胡交关之路，遏绝狂狡窥欲之源。又殖谷富边，省委输之役，国家可以无西方之忧”[②]。和帝接受曹凤建议，命其为金城西部都尉，在龙耆负责屯田。此后不断扩大规模，在河北的归义、建威二城附近屯田二十七部，河南岸榆谷屯田二部，河东的邯水东西屯田五部，共三十四部。[③] 后凉州郡县爆发大规模的羌人起义，河湟屯田因此作废，恢复西海郡的计划也宣告破产。顺帝永建年间（公元 126—132 年），右扶风韩皓代为护羌校尉，“因转湟中屯田，置两河间，以逼群羌”。至阳嘉元年（公元 132 年），护羌校尉马续以“湟中地广，更增置屯田五部”，连同原有屯田共为十部。[④] 东汉在河湟地区屯田，先后持续了一百多年，其规模和成效远远超过了前代。对此，《后汉书·西羌传》称赞“其功垂立”。

东汉在河湟地区屯田的组织形式和西汉赵充国屯田大致一样，主要是军屯，劳动力主要是戍卒，战时听调征战。东汉政府不遗余力屯田河湟，其目的主要有两个：一是在军事上占据羌人赖以生存的耕地牧场，逼其离开肥沃之地向更加高寒闭塞的地方迁徙，以削弱其势力，使其不能再度复兴，如烧当羌就是在东汉政府不断打击下，最终远徙青藏高原。同时，屯兵河湟，“以逼群羌”，有对羌胡威逼震慑的目的。二是在经济上可以解决用兵西羌的粮食转输困难，巩固对河湟地区的统治，收到一

① 范晔．后汉书 [M]．北京：中华书局，1965：2883.
② 范晔．后汉书 [M]．北京：中华书局，1965：2885.
③ 范晔．后汉书 [M]．北京：中华书局，1965：2885.
④ 范晔．后汉书 [M]．北京：中华书局，1965：2885.

箭双雕之效。这一政策引起了羌民的激烈反抗。

综上所述，经过汉初几十年的休养生息，到明帝、章帝、和帝时期，社会经济大为恢复，中央集权稳固，社会矛盾缓和，保塞无事。匈奴、西羌的寇边与反叛有增无减，南北匈奴也时有交通，又彼此离间与汉的关系。但北匈奴的力量也在内外交困中大为减弱。东汉的边疆政策随即发生了较大变化，由防守为主转向相机进攻。历经明帝、章帝、和帝三朝对北匈奴的主动出击，北方来自北匈奴的威胁基本解除了。与北匈奴军事较量的结果是这一时期东汉王朝对西北边疆的经营也多有建树，具体表现为复置护羌校尉、用兵西羌、广设屯田、隔绝羌胡。在这期间，虽然东汉对西域的经营有通有绝，但对羌族的政策没有变，不管是强制内徙、将内徙羌人置于郡县管理，还是以羌制羌、广置屯田“以逼群羌”，其目的都是巩固东京洛阳的西北防线的安全。随着边疆形势的变化，西域可通可绝，但从三辅到陇右、湟中、凉州直到河西，这条由内到外的军事防线必须安全，这是决定这一时期东汉羌族政策的最根本的原因。

三、安帝以后东汉以武力征伐为主的羌族政策

东汉后期，羌人的反抗斗争持续不断，历经八十余年，大小战不计其数，影响甚为深远。其中大规模的起义主要有三次。[①] 安帝永初元年（公元 107 年）夏，“遣骑都尉王弘发金城、陇西、汉阳羌数百千骑征西域，……群羌惧远屯不还，行至酒泉，多有散叛”[②]，引起羌人第一次大规模的反抗。“其冬，（邓）骘使任尚及从事中郎司马钧率诸郡兵与滇零等数万人战于平襄，尚军大败，死者八千余人。”[③] 整个局势对汉极为不利，“羌众遂大盛，朝廷不能制”。羌人的反抗起义，迫使东汉政府对羌

① 余尧．东汉羌人起义 [J]. 西北师大学报（社会科学版），1981（1）: 90-93+89.

② 范晔．后汉书 [M]. 北京：中华书局，1965 : 2887.

③ 范晔．后汉书 [M]. 北京：中华书局，1965 : 2887.

族政策做出调整，以武力征伐为主，其要点如下：收缩凉州，退守三辅，确保洛阳，内徙吏民，重点进攻。如永初四年（公元 110 年），“乃诏任尚将吏兵还屯长安，罢遣南阳、颍川、汝南吏士，置京兆虎牙都尉于长安，扶风都尉于雍”。永初五年（公元 111 年），“羌遂入寇河东，至河内，百姓相惊，多奔南渡河”①。洛阳无险可守，乃“使北军中侯朱宠将五营士屯孟津。诏魏郡、赵国、常山、中山缮作坞候六百一十六所”②，以加强洛阳北面和西面的防守，同时在东北方设渔阳营、扶黎营等卫护洛阳。元初元年（公元 114 年）春，“遣兵屯河内，通谷冲要三十三所，皆作坞壁，设鸣鼓”，后“又使屯骑校尉班雄屯三辅”，至元初三年（公元 116 年）秋，“筑冯翊北界候坞五百所”③。面对羌人的攻势，“二千石、令、长多内郡人，并无守战意，皆争上徙郡县以避寇难。朝廷从之，遂移陇西徙襄武，安定徙美阳，北地徙池阳，上郡徙衙”④。羌人起义后，滇零在北地称天子，这是羌人第一次建立政权，因此北地成为东汉重点进攻的目标。永初七年（公元 113 年），“马贤与侯霸掩击零昌别部牢羌于安定”。元初二年（公元 115 年），“遣左冯翊司马钧行征西将军……合八千余人，又庞参将羌胡兵七千余人，与钧分道，并北击零昌”⑤。元初三年（公元 116 年），“度辽将军邓遵率南单于及左鹿蠡王须沈万骑，击零昌于灵州……任尚又遣假司马募陷陈士，击零昌于北地”⑥。元初四年（公元 117 年），汉羌在北地富平决战，羌人失利。自此，“诸羌瓦解，三辅、益州无复寇警”。⑦ 第一次羌人反抗汉廷的斗争被镇压。

---

① 范晔. 后汉书[M]. 北京：中华书局，1965：2887.
② 范晔. 后汉书[M]. 北京：中华书局，1965：2887.
③ 范晔. 后汉书[M]. 北京：中华书局，1965：2887.
④ 范晔. 后汉书[M]. 北京：中华书局，1965：2887.
⑤ 范晔. 后汉书[M]. 北京：中华书局，1965：2888.
⑥ 范晔. 后汉书[M]. 北京：中华书局，1965：2888.
⑦ 范晔. 后汉书[M]. 北京：中华书局，1965：2888.

自永和羌叛，至建康年间，羌人又发起了大规模的反抗斗争，东汉政府先剿后抚，历十余年弥平羌乱。这一时期东汉的羌族政策较前相似，只是这次羌乱多为散羌组成，便于汉军各个击破。

第二次羌族起义被镇压后，羌人对东汉的反抗并未停止，但未造成长久的影响。陇右汉羌关系相对稳定，这得益于当地官员的安抚政策。从建和三年（公元 149 年）至延熹二年（公元 159 年）的十年间，汉廷先后以种皓为凉州刺史、汉阳太守，以张奂为安定属国都尉，以第五访为护羌校尉。他们在凉州奉行对羌人的安抚政策。延熹二年，第五访病逝，继任者为极力主张对羌人斩尽杀绝的段颎。段颎一上任，激起烧当、烧何、当煎等西羌八部的反抗。羌人第三次大规模的反抗斗争拉开序幕。这一时期的羌族政策，也因段颎主持西北边务而调整为用武力征剿、诛除务尽、不留后患。据《后汉书·段颎传》记载，“东羌先零等，自覆没征西将军马贤后，朝廷不能讨，遂数寇扰三辅。其后度辽将军皇甫规、中郎将张奂招之连年，既降又叛”。在这种情况下，桓帝问计于段颎，段颎残忍地表示：“臣以为狼子野心，难以恩纳，势穷虽服，兵去复动。唯当长矛挟胁，白刃加颈耳。”段颎的战功赫赫而手段残忍，为朝廷所嘉奖，拜为破羌将军。东汉政府耗资巨大，历时数十年，才弭平羌患。

东汉安帝以后，外戚、宦官交替掌权，政治黑暗，吏治腐败，中央集权弱化，地方离心倾向增加。边境地区形势险恶，西羌群种蜂起，此起彼伏；鲜卑取代北匈奴成为北边最主要的敌人，连年寇边，东汉疲于应付；南匈奴亦离心离德，不时抄掠。这一时期的边疆政策，较前又有了一些新的变化，主要是消极防守、确保根本、恩威并用，怀柔乌桓、匈奴，武力征剿羌族起义。为什么安帝以后对北方的鲜卑采取妥协政策，对乌桓、匈奴采取怀柔政策，而对羌族实行武力征剿的政策呢？其一，对羌族实行武力征剿的政策是为了防止羌族与北方的鲜卑、匈奴联合。

东汉安帝以后羌族起义接连不断，朝廷内相继出现了两次“弃凉”之议。第一次是在永初四年（公元 110 年），《后汉书 · 虞诩传》记载，“羌胡反乱，残破并、凉，大将军邓骘以军役方费，事不相赡，欲弃凉州，并力北边，乃会公卿集议”，结果“议者咸同”。后因郎中虞诩明示利害，以为“今羌胡所以不敢入据三辅，为心腹之害者，以凉州在后故也”，才使朝廷改变初衷。第二次是在汉灵帝即位后，据《后汉书 · 乌桓鲜卑列传》记载，“幽、并、凉三州缘边诸郡无岁不被鲜卑寇钞，杀略不可胜数”，朝廷内部又出现了“弃凉”之议，议郎傅燮历言“今凉州天下要冲，国家藩卫”，断不可弃，才使凉州免遭边外之地的厄运。两次“弃凉”之议之所以被否，就是因为东汉的有识之士认识到凉州地理位置的重要性，一旦失守，东汉王朝将处于匈奴、羌、鲜卑西南北三面包围之下，其直接后果就是西北边疆更加动荡。其二，安帝元初年间，东汉对羌战争的策略发生重大的变化——随着“羌患”骤然升级，东汉王朝开始对羌人大规模用兵。被称为“凉州三明”的皇甫规、张奂、段颎等主战派的凉州将领，在对羌战争中军功骄人，又手握强兵，成为汉末政局中一支举足轻重的力量。他们在担任护羌校尉期间，采纳了虞诩的建议，主要是发展和使用骑兵。据《后汉书 · 西羌传》记载，自元初二年（公元 111 年）至建宁元年（公元 168 年）的五十余年间，在东汉对羌战争中，护羌校尉营兵逐渐成为主要兵力，且护羌校尉营兵始终维持在万人左右的规模，又多为精锐骑兵。需要注意的是护羌校尉营兵的成分，马贤所率“湟中义从兵及羌胡”，实际上指“湟中义从兵”与“湟中义从羌胡”，“湟中义从羌胡”则有“湟中义从羌”与“湟中义从胡”之别，“湟中义从胡”即“湟中月氏胡”，[①] 日本学者榎一雄认为“湟中月氏胡”就是湟中的小月氏。[②] 护羌校尉营兵全部来自凉州，由此可知，东汉在对羌战争的后

① 陈勇．“凉州三明”论 [J]. 中国史研究，1998（2）：38-48.

② 榎一雄．小月氏考 [J]. 赵宗福，译．青海民族学院学报，1990（1）：17-24.

期，已由兼用内地、凉州武力，改为专用凉州武力。这一变化决定了安帝以后，羌族政策采取了更加严酷的镇压政策。

四、东汉时期对羌族的管理

（一）金城郡的裁省与复置

由于长期战乱，东汉初年人口大为减少，因此，光武帝下令省并县、邑、道、侯国，并官省职，精简各级官僚机构。其所省者，据《后汉书·郡国志》记载，“郡国十，县、邑、道、侯国四百余所”。加之羌乱频繁，郡县难以立足，当在裁省之列，据《后汉书·光武帝纪》记载，建武十二年（公元36年），“省金城郡属陇西”。原金城郡属下各县划归陇西郡领有。1972年在青海民和县中川出土的东汉“陇西中部督邮印”说明青海东部一带曾一度归陇西郡管辖。面对陇西的混乱局面，建武十一年（公元35年），光武帝重用马援为陇西太守，镇压了先零羌的叛乱，并将归服的先零羌徙置天水、陇西、扶风三郡之地。对于朝臣的“弃凉”之议，据前文所述，马援力主不弃湟中并得到了光武帝的支持，接着，马援又奏请在河湟地区置长吏、缮城郭、起坞候、开导水田、鼓励百姓耕牧，于是使湟中地区在一个时期内出现了社会稳定、经济恢复发展的局面。同时，马援注意妥善安置归降的羌人以及匈奴、月氏人，凡来降者皆奏请朝廷封其酋豪以侯、王、君等爵位，赐印绶，委任有威望的首领管理本族事务。1979年青海大通上孙家寨出土的“汉匈奴归义亲汉长”铜官印，即证明了这一史实。据《后汉书·光武帝纪》记载，在马援的努力和坚持下，建武十三年（公元37年），汉廷“复置金城郡”。为便于行政管理，东汉王朝对青海东部地区的郡县进行了调整，把原属金城郡的黄河以南的枹罕、白石、河关三县划归陇西郡，金城郡由西汉末年的十三县缩置为十县，郡治仍在允吾。根据“东汉三老赵宽碑”的记载，当时县下设有乡、亭。东汉初期金城郡的复置，加强了东汉对湟中地区的郡县化管理，对东汉中后期湟中的治理奠定了重要的基础。

在东汉十九个“道”中，属于氐羌聚居地的有湔氐道、汉江道、绵虒道、灵关道、阴平道、甸氐道、刚氐道、严道、狄道、豲道、武都道、故道、羌道。总共十三道。[①] 实际上，相比西汉，东汉王朝加强了羌族的郡县化管理。

（二）金城西部都尉移戍龙耆

汉和帝永元十三年（公元 101 年），护羌校尉周鲔和金城太守侯霸会诸郡兵、属国羌胡三万人，与迷唐率领的烧当羌战于允川，迷唐战败，远走赐支河首，依附发羌。次年，隃麋相曹凤在给和帝的上书中提出复置西海郡县，广设屯田，汉和帝听取了曹凤的建议，“拜凤为金城西部都尉，将徙士屯龙耆”[②]。据《后汉书·和帝本纪》记载，永元十四年（公元 102 年）春二月，“缮修故西海郡，徙金城西部都尉以戍之”。龙耆即今青海海晏三角城，原王莽西海郡郡治。1942 年在此地发现带铭汉代瓦当，上有“西海安定元兴元年作当”隶书字样。“元兴”为汉和帝的年号，说明曹凤确曾移戍龙耆。

（三）析置西平郡

自汉武帝开拓湟中以来，大批内地汉人相继迁来，与当地羌胡各族长期杂居、交流、融合，共同开发了这片肥沃的土地。特别是东汉王朝进一步加强了对湟中地区的经营，加快了这一地区郡县化的步伐，使这一地区逐步具备了设置郡一级行政机构的条件。东汉王朝为了进一步巩固西部边疆，加强对这一地区的统治，于建安年间割金城郡西部，增置

① 杨建．略论秦汉道制的演变 [J]. 中国历史地理论丛，2001（4）：10.

② 范晔．后汉书 [M]. 北京：中华书局，1965：2885.

西平郡以加强对这一地区的管理。西平郡是从金城郡析置的，从临羌县分置西都县以为郡治，辖有西都、临羌、安夷、破羌四县。允吾等县仍属金城郡。西平郡的设置，主要是从其军事地位上着眼的。自东汉以来，东汉政府始终将湟中地区作为管理青海诸羌的基地，通过郡县设置、徙士屯田、缮城郭、建烽燧来巩固其统治，待这一地区得到巩固之后，进则屯田黄河两岸，威逼诸羌，退则固守湟中，为陇右之屏障。湟中已成为东汉应对诸羌进退适宜的军事要地。正因如此，到东汉末年，在割据势力加强对诸羌的争夺，意在控制陇右的时候，汉政府增置西平郡以进一步加强对这一地区的统治。

另外，东汉还设置了陇西郡的南部都尉（治临洮），在顺帝阳嘉二年（公元 133 年），有“复置陇西南部都尉如旧制”① 的记载，主要目的也是专门防御和镇压西羌。东汉时期边郡继续保留部都尉，如金城郡西部都尉、陇西郡南部都尉等，皆“主蛮夷”。这种管理少数民族地区的部都尉既有与属国体制类似的一面，又有类似于郡县制的一面，它所管辖的少数民族地区的民众并不脱离自己原有的生活区。而且，它自始便分县治民，管理更为直接，是相当于县级的地方行政机构。②

关于东汉时期是否设置金城属国，由于史书对东汉金城属国的存在无明确记载，成为学术界争议比较大的问题。王宗维根据《后汉书》卷八十七《西羌传》中的三条史料，认为东汉金城属国是存在的。建初二年（公元 77 年），“迷吾遂与诸众聚兵，……于是诸种及属国卢水胡悉与相应”；章和元年（公元 87 年），“迷唐不利，引还大小榆谷，北招属国诸胡，会集附落”；永元十年（公元 101 年），“迷唐复将兵向塞，周鲔与金城太守侯霸，及诸郡兵、属国湟中月氏诸胡、陇西牢姐羌，合三万

① 范晔. 后汉书 [M]. 北京：中华书局，1965：2893.

② 安梅梅 . 两汉的属国制度 [D]. 兰州：西北师范大学，2005.

人，出塞至允川”[①]。王宗维在《汉代的蜀国》一文中指出，上述史料中的“属国”就是金城属国。赵明则指出王宗维的这一看法实系误解。赵明认为，东汉建立后，并没有设置金城属国来安置、管理降羌，而是奉行了新莽时期的郡县统治政策。东汉的属国除张掖属国外，绝大部分是后来设置或复置的，并非如王宗维所说的“东汉初基本维持原状”。[②]陈新海也认为西汉设置的金城属国，在东汉时期省废了，而在安定郡有了属国，这或许因安置降羌的中心已由金城郡移到安定郡了，领导羌人第一次起义的麻奴兄弟就是随父降汉在安定郡居住的。[③]另外，杨秀清也支持东汉无金城属国之说。[④]笔者认为，首先，东汉建武十三年（公元37年），汉廷复置金城郡，把原属金城郡的黄河以南的枹罕、白石、河关三县划归陇西郡；东汉建安年间又从金城郡析置西平郡，从临羌县分置西都县以为郡治，辖有西都、临羌、安夷、破羌四县。其次，东汉顺帝阳嘉二年（公元133年），汉廷复置陇西南部都尉如旧制（治临洮）。最后，东汉时期，属国还有一个明显的变化就是设置了比郡属国。据《后汉书·志·百官五》记载，“建武六年，省诸郡都尉，并职太守……唯边郡往往置都尉及属国都尉，稍有分县，治民比郡”“属国，分郡离远县置之，如郡差小，置本郡名”“安帝又命属国别领比郡者六”。此“比郡者六”是指安帝时期设置过的六个比郡属国：蜀郡属国、广汉属国、犍为属国、张掖属国、张掖居延属国、辽东属国。“如郡差小”就是和郡一样，只是地盘稍小。“置本郡名”就是在属国前冠以所在郡之名。东汉的比郡属国是和郡并列的独立的行政区划，其所冠郡名只表示所在的地域，而不表示二者的隶属关系。因此笔者也认为东汉时期没有金城属国。

① 范晔．后汉书[M]．北京：中华书局，1965：2884．

② 赵明．东汉对西羌长期作战的原因与教训[J]．中国史研究，1994（1）:64-73.

③ 陈新海．试论东汉在青海地区的施政[J]．青海社会科学，1997（5）:79-86.

④ 杨秀清．论东汉对羌族的政策[J]．青海社会科学，1995（5）:82-88.

（四）设置汉安都护

汉安都护是东汉王朝在扶风设置的总管防御西羌进扰的官职。据《后汉书》卷九《孝献帝纪》记载，中平六年（公元 189 年）十二月，“省扶风都尉，置汉安都护”。其下引注曰：“扶风都尉，比二千石，武帝元鼎四年置，中兴不改，至此以羌扰三辅，故省之。置都护，令总统西方。”可知汉安都护是总管防御西羌的官员。东汉王朝之所以设置汉安都护具体负责防御西羌，是因为西羌问题是东汉王朝面临的主要民族问题之一。东汉王朝后期，伴随着黄巾起义的大规模爆发，西羌的反抗活动又一次掀起高潮。据《后汉书·西羌传》记载，“中平元年，北地降羌先零种因黄巾大乱，乃与湟中羌、义从胡北宫伯玉等反，寇陇右”。同传又载：中平元年（公元 184 年），湟中月氏胡“与北宫伯玉等反，杀护羌校尉泠征、金城太守陈懿，遂寇乱陇右焉”。东汉王朝在扶风都尉的基础上设置汉安都护就是在这种情况下发生的，其目的很明显是协调防御西羌，也即所谓“总统西方”，协调西羌进攻的防御和反攻。[①] 关于汉安都护的情况，史书记载仅限于以上这些，因而其具体情况目前难以确知。

总之，东汉时统治羌族（以镇羌为主）的有西河、上郡、安定、张掖等属国的属国都尉，专门防御西羌的有陇西郡的南部都尉（治临洮）、金城郡的西部都尉（治龙耆），此外还有护羌校尉。东汉建武九年（公元 33 年）承袭西汉旧制，仍设护羌校尉营于令居县。永平元年（公元 58 年），改设营于狄道。建初元年（公元 76 年），校尉营从狄道迁至安夷。水平二年（公元 59 年），校尉营西移至临羌县。永初二年（公元 108 年），校尉营又迁回狄道。永初四年（公元 110 年），校尉营北迁河西之张掖。可知校尉营的迁徙同西羌的起义和战争是直接联系在一起的。[②] 东汉护

① 李大龙．都护制度研究 [M]. 哈尔滨：黑龙江教育出版社，2003.

② 马长寿．氐与羌 [M]. 桂林：广西师范大学出版社，2006：101.

羌校尉营的西移表明东汉对羌族实行更为强力而有效的镇压和监视。

五、对东汉时期羌族政策的评价

东汉初期的羌族政策对统一西羌、巩固西北边疆的稳定起了重要的作用。东汉时期羌族政策的核心是以武力征伐为主，这是由东汉中后期西北边疆的民族格局发生了新的变化所决定的。随着匈奴政权的衰落和北匈奴的西迁，游牧于东北地区的鲜卑族开始向西及西南迁徙，与漠北地区留下的匈奴部落逐渐融合。桓灵期间，鲜卑大人檀石槐统一漠北，分其地为中、西、东三部，鲜卑势力开始进入西北地区。檀石槐率部南抄汉边，北拒丁零，东却扶余，西击乌孙，成为东汉北部的严重威胁。而羌族在反抗东汉王朝统治的过程中，逐渐联合南匈奴、鲜卑共同进攻东汉边郡。据《后汉书·张奂传》记载，桓帝延熹九年（公元166年），"鲜卑复率八九千骑入塞，诱引东羌与共盟诅。于是上郡沈氐、安定先零诸种共寇武威、张掖，缘边大被其毒。朝廷以为忧"。令东汉政府担忧的是，一旦羌、匈奴、鲜卑等连成一体，共同对抗东汉政府，那么，东汉政府就更无法应付。因此，东汉政府把镇压羌族起义作为一项既定政策，历东汉王朝，奉行不二。当然，东汉政府在其镇压政策一时难以奏效的情况下，也采用一些安抚措施，以分化瓦解羌族力量，但仅仅是作为权宜之计、一种辅助手段，东汉中后期东汉政府对羌族起义的政策始终是以镇压和武力征伐为主的。

东汉政府强迫羌人接受郡县统治，打破了其原有的生产生活方式，造成其社会结构"跳跃式"的过渡，这是羌民难以接受的。东汉政府的迁徙政策，将羌族同匈奴、鲜卑等民族连成一片，使西汉武帝以来"隔绝羌胡"的政策宣告破产，这既为后来少数民族入主中原埋下了伏笔，又为后来的民族大融合创造了条件。尤其是东汉以来，豪强势力不断发展，地方割据势力同中央政府的矛盾始终若隐若现地存在着，而随着内徙羌族社会结构的发展演变，加之东汉王朝对羌族起义的镇压政策，最终将羌族势力推向西北地区的豪强势力一边。东汉末年，羌族势力同凉州势力边章、韩遂、董卓等相结合，成为分裂东汉政权的一支重要力量。《后汉书·西羌传》记载："羌虽外患，实深内疾……惜哉寇敌略定矣，而汉祚亦衰焉。"这一结论不无道理。"东汉王朝对西羌的反抗，或消极防守，或出兵镇压，或用离间之计，或招诱纳降，但西羌屡叛屡平，屡平屡叛，战争代替了统治，说明东汉的羌族政策是失败的。"[①] 东汉时期整个北方、西北的边防战略是在度辽将军的主持下，从东到西，以护乌桓校尉、使匈奴中郎将、护羌校尉、西域都护为支撑点，配合边郡戍守候塞亭传，组成整体的防卫体系。东汉王朝羌乱是最大的边患。东汉"自建武至于延光，西域三绝三通"，其势力在西域的伸缩与羌乱不息有莫大的关系。陇道、河西道控制了与西域的通路，羌人起义也常常和属国内外匈奴相联结，汉也曾借匈奴甚至乌桓、鲜卑的力量来平羌。两汉对羌、对西域政策差异鲜明，并由此关联到匈奴、乌桓、鲜卑，也可见羌族政策在整体民族政策中的重要地位和影响。[②]

羌族问题是贯穿两汉的重大问题，从汉武帝以后，"隔绝羌胡"的西北边疆战略始终贯穿整个西汉王朝，正是因为西汉王朝实施了正确的羌族政策，才使西汉王朝的整个西北边疆政策得以顺利实施，集中力量解决西汉王朝最大的边患——匈奴问题。羌族问题是东汉王朝最重大的民族问题，正是因为东汉王朝实施了错误的羌族政策，才导致了贯穿整个东汉王朝始末的"羌祸"，"羌祸"最终敲响了东汉王朝灭亡的丧钟。东汉王朝错误的羌族政策引发了东汉王朝一系列的西北边疆危机，西羌的不断反抗迫使东汉王朝对西域的经营时断时续，史称"三绝三通"，对东汉王朝经营和管理西北边疆产生了明显的负面影响。

① 李大龙．两汉时期的边政与边吏[M]．哈尔滨：黑龙江教育出版社，1996：88.

② 谢绍鹢．两汉护羌校尉研究[D]．西安：西北大学，2007.

两汉羌族政策对后世历代王朝的民族政策也产生了深远的影响，不管是唐宋时期的羁縻府州制还是元明清时期的土司制度，其渊源都可以追溯到两汉时期的属国制度。因此，秦汉时期的民族思想和民族政策对中华民族共同体形成的历史进程有重要的影响，是历史渊源和基础；两汉时期的汉羌关系、两汉王朝对于羌族的征服及其治理，是汉代边疆治理的重要组成部分，也是中华民族共同体形成的一个重要节点。

第三章　影响两汉羌族政策的两个重要因素

第一节　两汉护羌校尉的选拔和任用与两汉羌族政策的关系

史籍中关于西汉时期的护羌校尉的记载较少，见于记载的西汉护羌校尉有以下几位。

辛汤。《汉书》卷六十九《赵充国辛庆忌传》记载："诏举可护羌校尉者，时充国病，四府举辛武贤小弟汤。充国遽起奏：'汤使酒，不可典蛮夷。不如汤兄临众。'时汤已拜受节，有诏更用临众。后临众病免，五府复举汤，汤数醉酗羌人，羌人反叛，卒如充国之言。"

王尊。《汉书》卷七十六《王尊传》记载："王尊字子赣，涿郡高阳人也。……（元帝时）起家，复为护羌将军转校尉，护送军粮委输。而羌人反，绝转道，兵数万围尊。尊以千余骑奔突羌贼。功未列上，坐擅离部署，会赦，免归家。"

尹岑。《汉书》卷十九下《百官公卿表下》记载："（永始四年）护羌校尉尹岑子河为执金吾，一年迁。"

辛通。《汉书》卷六十九《赵充国辛庆忌传》记载："（辛庆忌）年老卒官。长子通为护羌校尉，……时平帝幼，外家卫氏不得在京师，而护羌校尉通长子次兄素与帝从舅卫子伯相善，两人俱游侠，宾客甚盛。及吕宽事起，莽诛卫氏。"

窦况。《汉书》卷九十九上《王莽传》记载："（居摄元年）是岁，西羌庞恬、傅幡等怨莽夺其地作西海郡，反攻西海太守程永，永奔走。莽诛永，遣护羌校尉窦况击之。二年春，窦况等击破西羌。"

史籍中关于东汉时期的护羌校尉的记载较多，学者们对东汉时期护羌校尉的研究成果也颇为丰富。[①]

史籍中关于西汉时期护羌校尉的记载只有五位，且记载简略，对研究西汉护羌校尉的选拔和任用与西汉羌族政策的关系意义不大，因此，笔者主要根据东汉时期护羌校尉的史料，对东汉时期护羌校尉的选拔和任用制度与东汉羌族政策的关系做以下述论。

一、东汉时期护羌校尉的选拔制度

关于东汉王朝护羌校尉的选拔制度，史书缺乏明确记载。李大龙提出，东汉护羌校尉的选拔有三个特点一个原则："三个特点：一是郡太守多；二是熟悉西羌情况者居多；三是有管理边疆民族事务经验者居多。一个原则是东汉护羌校尉的选拔以郡太守，尤其是西羌居地缘边郡太守为主，辅以其他武官或朝内官吏，如谒者，并注重任用对西羌情况较为熟悉或有治理边疆民族经验的官吏"[②]。笔者认为，除李大龙指出的上述几个特点外，东汉护羌校尉的选拔还有一个突出的特点——东汉护羌校尉的选拔不拘一格。东汉护羌校尉的选拔已经打破了品秩和身份的界限。担任此职的，既有品秩较低的谒者，又有位居列卿的三辅长官，还有品秩相当的武官、边郡太守；既有久经沙场的武将，又有威震一方的西域都护、度辽将军等。三辅长官（秩中二千石）、诸郡太守（秩二千石）。其品秩均高于护羌校尉（秩比二千石）。东汉时期的度辽将军（秩二千石），"不仅参与管理南匈奴、乌桓、鲜卑、西羌等族事务，以及组织兵力讨伐北匈奴，而且也有权指挥使匈奴中郎将、护乌桓校尉及北边诸郡军队"[③]，但就任护羌校尉丝毫没有谪贬的意味。这种不拘一格的

① 冉光荣，李绍明，周锡银．羌族史[M].成都：四川民族出版社，1985：70-73.

② 李大龙．东汉王朝护羌校尉考述[J].民族研究，1996（2）：67-78.

③ 李大龙．两汉时期的边政与边吏[M].哈尔滨：黑龙江教育出版社，1996：74.

选拔和任用方式，正是与东汉时期的羌族政策有关。自东汉以来，羌族不断掀起大大小小的反抗斗争，东汉王朝需要具有管理边疆民族经验的官吏，尤其需要熟悉西羌情况并能很好地执行东汉王朝的羌族政策、将羌族起义尽快镇压下去的官吏，所以不管是品秩比护羌校尉高的度辽将军、诸郡太守、三辅长官，还是品秩与护羌校尉相当的武官、边郡太守，只要东汉王朝羌族需要，都可以选拔任用。

二、东汉时期护羌校尉的任用制度与东汉羌族政策的关系

一是东汉王朝对护羌校尉任用职权较重。护羌校尉秩比二千石，低于郡太守，但因其“持节领护”西羌，从而拥有显赫的地位和特殊的权威。颜师古在《汉书·高帝纪》注中云：“节以毛为之，上下相重，取象竹节，因以为名，将命者持之以为信。”《释名》中说：“节者，号令赏罚之节也。”可见，节是一种信物，一种地位、身份和权利的象征。张鹤泉在《东汉持节问题探讨》一文中进一步指出：“护羌校尉和护乌桓校尉都是长期持节官。东汉国家使这些官员长期持节，是为了使其有效地对少数民族进行统治。他们持节的意义就在于这些官员的统治是代表皇帝的意志，也就是说，他们对少数民族的统治就是东汉皇帝的统治。”[①] 护羌校尉“持节领护”西羌，因而在处理西羌事务时就拥有更大的权威。尽管诸郡太守品秩较高，仍因无节而听命于品秩较低的护羌校尉，在征讨西羌时，当地郡守必须配合策应护羌校尉的活动，并受其节制和指挥，必要时护羌校尉还可以征发调遣郡县武装，直接参与对羌作战。如汉章帝时，护羌校尉傅育为讨伐烧当羌，就曾统帅汉阳、金城二郡兵卒，号令陇西、张掖、酒泉诸郡太守。[②] 当此之时，护羌校尉就成了居于郡守、属国都尉之上的发号施令者，他与各郡守、属国都尉之间不是平等并列

① 张鹤泉．东汉持节问题探讨[J]．史学月刊，2003(2)：15-23.

② 范晔．后汉书[M]．北京：中华书局，1965：2882.

的关系，而是一种不容置疑的命令与服从的关系。这种官与职殊、以小制大、以卑临尊的关系，正是为了在战时状态下，很好地执行东汉王朝以军事征剿为主的羌族政策。

二是东汉王朝对护羌校尉处罚严厉，升迁者少。[①] 如马贤在初任护羌校尉时，元初六年（公元 119 年），击勒姐与陇西羌种号良等，斩号良；永宁元年（公元 120 年），沈氏羌叛，寇张掖，贤击败之；建光元年（公元 121 年），讨烧当羌于金城，兵败；永建元年（公元 126 年），讨平陇西种羌，自此凉州无事。就是这样一位取得屡屡战绩的护羌校尉，只因为永建四年（公元 129 年），烧当酋犀苦兄弟的叛乱，就被免职。

在诸多护羌校尉中，仅有傅育和赵冲在死后其子得到了封赏。据《后汉书·西羌传》记载，“育，北地人也。显宗初，为临羌长，与捕虎将军马武等击羌滇吾，功冠诸军；及在武威，威声闻于匈奴。食禄数十年，秩奉尽赡给知友，妻子不免操井臼，肃宗下诏追褒美之。封其子毅为明进侯，七百户”。又载，赵冲战死后，“羌由是衰耗。永嘉元年，封冲子恺义阳亭侯”。

三是东汉王朝对护羌校尉任免频繁。[②] 东汉王朝对护羌校尉的任免是较为频繁的，并未遵守“三年一更”的定制。[③] 笔者认为，东汉王朝对护羌校尉的任免，越是在羌族起义频繁的时期，任免越频繁。

综合以上分析，关于东汉时期羌族起义连绵不断的原因，传统的观点多认为是东汉时期的护羌校尉的残暴镇压所引起的恶性循环。[④⑤⑥⑦⑧]

① 李大龙．东汉王朝护羌校尉考述 [J]. 民族研究，1996（2）：67-78.
② 李大龙．东汉王朝护羌校尉考述 [J]. 民族研究，1996（2）：67-78.
③ 李大龙．东汉王朝护羌校尉考述 [J]. 民族研究，1996（2）：67-78.
④ 田继周．秦汉民族史 [M]. 成都：四川民族出版社，1996：314.
⑤ 黄烈．中国古代民族史研究 [M]. 北京：人民出版社，1987：97-98.
⑥ 江应梁．中国民族史 [M]. 北京：民族出版社，1990：221.
⑦ 王剑英．羌人反抗东汉封建统治的斗争 [J]. 历史教学，1956（11）：7-13.
⑧ 杨永俊．从“护羌校尉”人选探吏治与东汉“羌祸”的关系 [J]. 宜春师专学报，2000（1）：50-55.

李大龙认为："一方面注重选拔熟悉西羌情况的官吏出任护羌校尉，以加强对西羌的统治，但另一方面在护羌校尉的管理上则重罚轻奖，更替频繁，不仅挫伤了护羌校尉治理西羌的积极性，导致腐败现象的大量出现，而且也造成了西羌政策缺乏连续性，许多护羌校尉未及完全熟悉西羌事务或实现自己的羌族方略即被免去了职务。据此我们可以说，东汉王朝在护羌校尉管理方面所存在的弊端是西羌屡平屡叛的原因之一，也是东汉王朝西羌政策失败的主要原因。"① 笔者认为，东汉王朝错误的羌族政策是造成羌族起义连绵不断的根本原因。正是东汉王朝实行以军事征剿为主的羌族政策，而护羌校尉必须执行东汉王朝的羌族政策，执行不力，就要遭到惩治，所以东汉王朝对护羌校尉处罚严厉，该职位的升迁者少且任免频繁。正是由于东汉王朝对护羌校尉处罚如此严厉，为了保住自己的职位，护羌校尉在任期间，对羌族起义多采取强硬的军事镇压政策，也不乏残暴的行为，即使这样，羌族起义一旦镇压不下去，不管什么原因，都难免要坐免或下狱。所以，笔者认为，不能说东汉王朝在选拔护羌校尉这一重要羌吏时，对护羌校尉人选的素质考察出了问题，或者说东汉王朝对护羌校尉的管理上出了偏差。东汉王朝对护羌校尉不拘一格的选拔和任用方式，与东汉时期的羌族政策有关，而且东汉王朝对护羌校尉任用职权是较重的。因此，东汉时期的护羌校尉的残暴镇压不是西羌屡平屡叛的根本原因，错误的羌族政策才是根本原因，护羌校尉只是东汉王朝羌族政策的执行者而已。

东汉时期对羌作战将领所领官职，中央官员主要以将军和中郎将为主，地方官员则主要以护羌校尉和太守为主，其中杂以谒者、骑都尉等皇帝使者作为作战将领，放在整个东汉与羌族百余年的战争中来看，皇帝使者作为作战将领的数量十分稀少。就羌族方面而言，羌人的部落结

① 李大龙．东汉王朝护羌校尉考述[J].民族研究，1996（2）：67-78.

构，并没有如匈奴一般，有一个类似“单于”的首领统合诸羌族部落。[①]羌族松散的部落结构，使羌族在发生动乱时，往往是几个部落联合起兵，其力量并不会过于强大，以护羌校尉及地方太守所拥有的军力尚可与之一战，所以东汉与羌族的战争中多见护羌校尉及太守领兵作战。[②]

第二节　东汉王符的治边思想与东汉的羌族政策

两汉时期提出治边思想的人很多。西汉时期如贾谊、晁错、董仲舒、赵充国等；东汉时期也有许多政治家和士大夫提出自己的治边思想，如班彪、曹凤、皇甫规、王符等。西汉时期，贾谊提出西汉王朝处理汉匈关系的“三表”“五饵”之术，在如何治理少数民族的问题上，最早提出建立“属国”的说法，对后世产生了深远的影响。

西汉前期，匈奴是汉王朝西北边疆最大的边患，就如何处理匈奴的问题，晁错向文帝上了《守边劝农疏》和《募民实塞疏》。这些奏疏集中体现了晁错移民实边和以夷制夷的治边思想。晁错的治边思想虽然是针对匈奴而言的，但是，他的移民实边和以夷制夷的治边思想被两汉历代政治家所采用，对两汉王朝的羌族政策的制定与实施产生了深远的影响。晁错的移民实边政策开后代屯田政策的先河。汉武帝后期及汉宣帝前期，赵充国在河湟羌地实行军屯，取得了良好效果，就是晁错移民实边思想的继承和发展。东汉时期也继承了西汉的羌族政策，移民实边的羌族政策在东汉时期采用得更多，也更典型。后人对晁错的这一主张评价也很高，王夫之就说过“晁错徙民实边之策伟矣”[③]。晁错还是历史上第一个明确提出以夷制夷思想的人。晁错以夷制夷的治边思想在西汉武帝后期

① 王明珂．游牧者的抉择：面对汉帝国的北亚游牧部族[M]．桂林：广西师范大学出版社，2008：188-191.

② 董朋．东汉征羌将领研究[D]．武汉：华中师范大学，2021.

③ 王夫之．读通鉴论[M]．北京：中华书局，1975.

及汉宣帝前期，被赵充国在羌族政策的制定和实施中继承并发展。赵充国提出了“以羌制羌”的羌族政策，在打击首恶先零羌、对羌酋封授爵位等“以羌制羌”的羌族政策攻击下，河湟众羌不久瓦解。赵充国的治边思想在前文中已涉及，此处不再赘述。

笔者选择与东汉羌族有直接关联的东汉士大夫王符的治边思想做重点阐述。

东汉安帝永初元年（公元107年），羌人起兵反叛，蔓延至凉州各地，殃及三辅。东汉政府在征讨羌人起兵失利的情况下，决定弃边徙民，企图以此平边患、保中原。家居边郡的王符目睹边患，特别是东汉政府弃边举措给边民带来的灾难，坚决反对弃边内徙，主张救边、安边、实边，认为有国必有边，缩边削地不能保国安宁，只有平息边患，使边疆安定，国家才能安定，只有采取优惠的政策移民实边，开发边地，才是平边患、保中原的良策。王符的治边思想是针对当时“羌祸”而言的。

其一，王符主张救边恤民，反对弃边徙民。安帝时期，面对严重的西北边患，东汉政府内部发生了一次激烈的“弃凉”之争。一部分公卿大臣借口军费浩繁，转运疲敝，百姓苦役，主张放弃凉州，退保三辅。据《后汉书·庞参传》记载，庞参上书朝廷：“臣愚以为万里运粮，远就羌戎，不若总兵养众，以待其疲。车骑将军骘宜且振旅，留征西校尉任尚使督凉州士民，转居三辅。休徭役以助其时，止烦赋以益其财，令男得耕种，女得织纴，然后畜精锐，乘懈沮，出其不意，攻其不备，则边人之仇报，奔北之耻雪矣。”由于东汉政府连年征羌失利，庞参进一步认为西北边地实为无用之地，不必为此劳民伤财，三辅地广人稀，应放弃凉州，将其郡治所和百姓迁至三辅。大将军邓骘也因当时水、旱、地震灾害不断，羌人反叛，朝廷不能兼顾，赞成庞参的建议，主张放弃凉州。庞参、邓骘等人放弃凉州的主张，遭到一些有远见的大臣的坚决反对。虞诩指出，放弃凉州，必定以三辅为边地，以三辅为边，则先帝的陵园就没有屏障，这是绝对不能允许的。王符和虞诩一样，坚决反对弃边徙民。王符认为，边民、内郡之人，都是朝廷子民，朝廷应该一视同仁，不能因为地域远近关系而有所区别。“圣王之政，普覆兼爱，不私近密，不忽疏远，吉凶祸福，与民共之，哀乐之情，恕以及人，视民如赤子，救祸如引手烂。是以四海欢悦，俱相得用。”① 王符身居边地，对羌人的反叛给边郡人民带来的灾难有着切身的感受，因而对庞参等人置边地人民的痛苦于不顾的弃边主张深感愤慨，怒斥他们自私自利，漠视边民的疾苦。“今诸言边可不救而安者，宜诚以其身若子弟，补边太守令长丞尉，然后是非之情乃定。”② 王符进一步指出，中原要安宁，必待边疆安定。“救边乃无患，边无患，中国乃得安宁。”③ 针对庞参等人认为的羌乱不止是有边之过，企图通过放弃凉州来确保中原安宁的幻想，王符指出，边与国二者唇齿相依，安危与共，地无不有边，所以有国必有边，只有亡国之时才无边地。“是故失凉州，则三辅为边，三辅内入，则弘农为边，弘农内入，则洛阳为边。推此以相况，虽尽东海犹有边也。”④ 边疆地区是国之屏障，唇亡齿寒，边不存，国亦亡。因此，国家要获得安宁，必先安定边疆地区。“折冲安民，要在任贤，不在促境”。⑤ 羌人起兵，危害州郡，并非有边之过，除边患保国平安，不能依靠放弃边疆地区这种做法，而在于利用贤臣良将捍边御敌。

东汉政府连年兴师动众，却劳而无功，羌人的反叛愈演愈烈。王符认为，这并不是羌人势力强大，不可战胜，而是将帅懦弱无能所造成的。羌人始起兵时，计谋未善，人数未多，兵器不备，很容易攻破。相反，东汉政府兵众粮足，“前羌始反时，将帅以定令之群，借富厚之蓄，据列

① 王符．潜夫论[M]．北京：商务印书馆，1985：236.
② 王符．潜夫论[M]．北京：商务印书馆，1985：247.
③ 王符．潜夫论[M]．北京：商务印书馆，1985：248.
④ 王符．潜夫论[M]．北京：商务印书馆，1985：237.
⑤ 王符．潜夫论[M]．北京：商务印书馆，1985：238.

城而气利势，权十万之众，将勇杰之士”[①]。而且边民被祸殃，欲奋起报仇，民心可用。但东汉将帅多畏惧，只顾保自己身家性命，不敢击敌，因此边患不能平定，并非天灾，实在是长吏之过。作为封建时代的士大夫，王符难免有民族偏见，特别是羌人的起兵给其家乡带来巨大的灾难，使他难以正确地对待羌人的反叛行为。但是他并不是穷兵黩武论者，其主张征战的目的是使边疆安定，救边民于水深火热之中。“救边乃无患，边无患，中国乃得安宁。”[②]

其二，王符主张移民实边。东汉政府在武力征讨连连失利、羌人横行边郡的情况下，无可奈何地接受了庞参、邓骘等人的建议，弃边徙民。弃边徙民不只给边民带来了无穷的痛苦，更为严重的是边地因此荒芜，边疆防御空虚。王符为此忧心如焚。他认为，土地是民之根本，不可久荒，否则会给羌人以可乘之机，启其觊觎之心。“西羌北虏，必生窥欲，诚大忧也。”[③]因此，他建议政府移民实边，充实边郡地区，加强边防力量，防御敌寇，以保中原安全，犹如一家人遇到寇贼必使年轻力壮者在外抵抗祸难，老幼体弱者在内以供御敌者，二者互相依靠，以期共同保全。实边的最终目的是使中原安宁。“百工制器，咸填其边，散之兼倍，岂有私哉！乃所以固其内尔。先圣制法，亦务实边，盖以安中国也。”[④]同时，移民实边不仅可以开发边疆，充实边疆力量，而且可以减少内地郡县的压力。边地郡县地广人稀，土地荒废无人耕种，而中原郡县，人众地少，土地不足，百姓贫穷，徙内地人们入边，对边疆和内地都有利。王符移民实边的观点，是对秦、西汉以来治边策略和治边思想的继承与发展。秦在蒙恬收复河南地后，在此设立郡县，迁三万居民

① 王符．潜夫论[M]．北京：商务印书馆，1985：228．
② 王符．潜夫论[M]．北京：商务印书馆，1985：239．
③ 王符．潜夫论[M]．北京：商务印书馆，1985：254．
④ 王符．潜夫论[M]．北京：商务印书馆,1985：255．

垦田生产，开发边疆，阻止匈奴的入侵；统一南越后，又徙五十万人入岭南，与越人杂居。汉朝建立后，匈奴贵族不断骚扰边境地区。汉文帝时，晁错提出用免税、赐爵、赎罪等办法移民实边，使之守边备塞的建议，被文帝所采纳。汉武帝谴兵攻破匈奴后，大规模徙民到北方和西北边地进行屯田。秦、西汉王朝的移民实边措施成效显著，充实了边防力量，开发了边疆地区，加强了汉族和周边民族之间的联系。不同的是，王符的移民实边建议是在东汉王朝公卿大臣反对救边、朝廷弃边徙民之后提出来的，更显示出他具有不同于一般士大夫的政治眼光。王符的移民实边建议得到了虞诩的赞成。永建元年（公元 126 年），马贤平羌获胜，凉州转为安定，虞诩于永建四年（公元 129 年）上书朝廷，建议将安定、北地、上郡郡治和人民迁回故地。顺帝采纳他的建议，复三郡，遣谒者敦璜督促内徙之民归还故土，修缮城郭，设置驿站，不久又兴修水利，进行屯田。

移民实边是充实边疆力量、加强边防的有力措施，然而战乱以来的边地郡县动乱而徭役繁重，内郡之人视之为畏途，不愿前往。王符认为朝廷必须为边郡兴利除害，以优惠的政策吸引内郡之人前往边地居住，否则，边地无复兴之望。政府应不拘常例增加边郡举荐孝廉的名额，以此劝勉贤俊士大夫，不欲爵者则政府以倍价于内郡的价钱收购其粮食，以此吸引农民。如此，则士大夫和农民将会欣欣然前往边疆地区，即使不让他们去，恐怕也办不到了。边疆地区会因此得到开发，边疆防御力量会因此得到加强。总而言之，王符认为优惠的移民实边措施才是真正的“充边境，安中国之要术也”①。

综合来看，东汉中后期西北边地主要是汉羌关系比较突出，王符的治边思想是针对当时“羌祸”而言的。王符的救边安边思想，反映了封

① 王符．潜夫论[M]．北京：商务印书馆，1985：256.

建士大夫安定边疆地区，继而在边地建立稳定的统治的强烈愿望。在边疆问题上，他仅是从忠孝节义、尽忠报国的立场出发来考虑的，其治边思想表达了他“华夷一统”的民族观，“古者，天子守在四夷。自彼氐羌，莫不来享。普天思服，行苇赖德”[①]。天下一家、守在四夷是王符的理想追求，然而要达到这种理想状态，必先救边安民、平定边患。针对朝廷公卿大臣害怕与羌人作战的恐惧心理，他指出，自古以来就有战争，“国未尝不以德昌而以兵强也”，武力是止乱除暴、兴邦安国的有力工具，因此不必讳言用兵作战。“《易》利‘御寇’，《诗》美‘薄伐’，自古有战，非乃今也。《传》曰：天生五材，民并用之，废一不可，谁能去兵？兵所以威不轨而昭文德也。圣人所以兴，乱人所以废。”[②] 王符认为，从前商高宗讨伐鬼方，并非喜欢战争，周宣王征伐猃狁，并非贪其土地，而是为了“振民育德，安疆宇也”[③]。现在边地久遇羌祸，朝廷应当兴兵为民除祸害，为国安定边疆。

王符处于东汉后期封建政权的边缘，他对当时羌族政策制定影响并不大，但其忠孝节义、尽忠报国之心及其政治思想学说，在我国思想发展史上留下了光辉的一页，也为我们体察东汉后期处于东汉封建政权边缘的士大夫的民族思想提供了典型的代表。

① 王符．潜夫论[M]．北京：商务印书馆，1985：238．

② 王符．潜夫论[M]．北京：商务印书馆，1985：239．

③ 王符．潜夫论[M]．北京：商务印书馆，1985：240．

第四章　两汉羌族政策与两汉经营西域之关联

第一节　羌中道与西汉通西域之关联

汉代通西域，主要经河西走廊进入西域，这条路线一般被称为“河西道”。除此之外，还有一条不经河西走廊，而是走青海古羌人居住区而通西域的路线，其作用和重要性可能不亚于前者，也深刻揭示了西汉时期羌族与西汉王朝通西域有着密切的关联，这就是“羌中道”。

关于“羌中道”，最早提到这条路线的是《史记》卷一百二十三《大宛列传》。据记载，张骞出使西域，从大夏回国，为避免与匈奴遭遇，改道“羌中”：“汉方欲事灭胡，闻此言，欲通使，道必更匈奴中，乃募能使者。骞以郎应募，使月氏，与堂邑氏奴甘父俱出陇西。径匈奴，匈奴得之……留骞十余岁。……留岁余，还，并南山，欲从羌中归，复为匈奴所得。”在这段记载中，“南山”即昆仑山；“羌中”即临洮以西羌人居住区；“并南山，欲从羌中归”应指沿昆仑山麓东行至且末，越阿尔金山进入柴达木盆地，经青海南部羌人区而返。[①] 我国考古学家黄文弼、夏鼐、冯汉骥等对此条道路曾做过深入研究，黄文弼称这条道路为“吐谷浑道”，即后来史学家所称的“羌中道”。[②③④]《史记》中的记载表明，至迟在西汉末年，“羌中道”已客观存在。

---

① 黄文弼．张骞使西域路线考[M]//黄文弼．西北史地论丛．上海：上海人民出版社，1981：74.

② 黄文弼．罗布淖尔考古记[M]．北京：中华书局，1948.

③ 夏鼐．青海西宁出土的波斯萨珊朝银币[J]．考古学报，1958（1）：105-110.

④ 冯汉镛．关于“经西宁通西域路线”的一些补充[J]．考古，1958（7）：59-64.

西汉王朝对西域的经营是与解决匈奴问题紧密相连的。汉初，罗布泊以东至嘉峪关长城之间的大片地区为匈奴所占，而西羌则据有今甘肃西部和青海全境，两相连接，给汉朝造成极大的威胁。为此，武帝采取了两步方略：一是将匈奴逐回漠北，夺回河西走廊，并在其内设敦煌、酒泉、张掖、武威四郡，派重兵驻守，由东向西结成一道防线以切断胡、羌之间的联系，即所谓“隔绝羌胡，使南北不得交关”；二是对河湟羌人用兵，消除羌人东进的威胁，进一步瓦解羌胡联盟。西汉王朝所采取的措施显然收到了预期效果，河西交通完全为汉所控制。武、昭帝以后，胡、羌隔绝，其联系主要是取道西域，通过羌中道进行的，也就是说，西域与羌中道是相通连的，其往来活动频繁。西汉王朝对西域的经营虽然是直接与匈奴在西域军事较量的结果，但是，透过匈羌在羌中道的联系和结盟，可以管窥到羌中道与西汉王朝经营西域有着重要的关联。从传统文献的记载看，匈羌的联系和结盟往往发生在西汉王朝与匈奴在西域的军事较量处于相持的关键时刻或者处于军事失利的时候，因此，羌匈关系在西汉王朝经营西域的过程中也是重要的民族关系。

武帝末，汉军征讨匈奴屡遭惨败，胡羌间重欲联合。后元元年（公元前 88 年），“先零豪封煎等通使匈奴，匈奴使人至小月氏，传告诸羌曰：汉贰师将军众十万余人降匈奴。羌人为汉事苦。张掖、酒泉本我地，地肥美，可共击居之”①。这里需注意小月氏。小月氏居地，史载有以下几处：敦煌阳关西南，河西南山中和湟水、南山间。匈奴不大可能南下越过西汉的河西塞防径直入羌地，而通过湟水、南山间的羌中道与羌人联系与结盟的可能性较大。宣帝元康三年（公元前 63 年），先零羌与诸羌种豪二百余人解仇交质盟诅，宣帝以此质询赵充国。充国以为这是羌与胡联合，相约攻汉的先兆。《汉书·赵充国辛庆忌传》记载：“疑匈奴更

① 范晔．后汉书 [M]．北京：中华书局，1965：2876.

遣使至羌中，道从沙阴地，出盐泽，过长坑，入穷水塞，南抵属国，与先零相直。……后月余，羌侯狼何果遣使至匈奴借兵，欲击鄯善、敦煌以绝汉道。充国以为：狼何，小月氏种，在阳关西南，势不能独造此计，疑匈奴使已至羌中，先零、罕、开乃解仇作约。”这里的“沙阴地”，指匈奴的大本营漠北；“出盐泽”，似匈奴使者先西行至车师，由今罗布泊南出，绕过河西诸郡及西关；“长坑”，可能指今柴达木盆地；“穷水塞”，疑武帝所筑令居以西要塞之一；“属国”，即金城属国；“与先零相直”，指与先零交接，先零羌在河湟间，正当令居以南。① 据此分析，匈奴使者的通使路线应发自漠北，西行至车师，南下罗布泊至鄯善，过阿尔金山口，沿柴达木盆地北缘东行，绕青海湖抵令居以西要塞，复折向南河湟先零羌地。所谓“击鄯善、敦煌以绝汉道”，实有从后面包抄、与先零羌在河西走廊的东头的军事活动遥相呼应的意味。② 这里的“绝汉道”，实际上就是绝西汉王朝的通西域之道——羌中道。

由上文可见，羌中道是西汉时期羌胡联系的主要通道，西汉王朝可由此通西域。正是因此原因，宣帝决心打通此道。神爵元年（公元前61年），先零、罕、开诸羌“背畔犯塞”，朝廷派赵充国出金城，沿湟水向西进兵，“诏破羌将军武贤将兵六千一百人，敦煌太守快将二千人，长水校尉富昌、酒泉侯奉世将婼、月氏兵四千人，亡虏万二千人。赍三十日食，以七月二十二日击罕羌，入鲜水北句廉上，去酒泉八百里，去将军可千二百里。将军其引兵便道西并进”③。这里的“婼”指婼羌，“月氏”指迁入南山的小月氏人，长水校尉富昌、酒泉侯冯奉世此路军马的行军路线应是循羌中道的西段，经柴达木盆地而进入羌地。同年七月，赵充

① 初师宾．丝路羌中道开辟小议[J]．西北师大学报（社会科学版），1982（2）：42-46.

② 吴焯．古代青海交通西域的路线及其历史沿革[J]．西域研究，1992（2）：24-33.

③ 班固．汉书[M]．北京：中华书局，1962：162.

国率兵进先零地，深入羌地腹地，完全控制了羌中道要地，这样一来，由青海湖向西，经柴达木盆地而至西域的羌中道的西段实际也由西汉凿通，从大的战略意义上讲，由羌中道交通西域已没有人为的障碍了。

宣帝辟通羌中道后，随即筑塞、屯兵、垦田，实行战备警戒，措施与河西塞防全同，一方面是为了镇抚羌人，另一方面是为了保证羌中、河西二道的畅通。当时匈奴与西汉王朝激烈争夺西域，羌中道塞防的建设，对于辅助河西道和控制西域具有战略意义。赵充国在论羌中道及河湟屯田时说过“以制西域，信威千里，从枕席上过师”①，可见其是很有远见卓识的。西汉末年，王莽设西海郡，续筑边海五县鄣塞，亭燧相望，其目的似也包括维护这条控制西域的路线。但王莽败，羌人侵青海以东，攻金城陇西，此道遂断绝，而西域亦不通。②

第二节　东汉“三绝三通”西域与“羌祸”之关联

东汉时期，由于国势不振和政治中心的东移，其西北边疆政策也由西汉武帝时的积极进攻、主动进取变为消极防御、被动退守。东汉王朝虽曾几度命将出征，但其目的“在攻匈奴，非为西域”③。在整个东汉时期，对西域的经营没有达到始终如一的稳定程度，而是表现为“三绝三通”的状态。据《后汉书·西域传》记载，东汉经营西域的“三绝三通”是东汉王朝直接与匈奴争夺西域而进行的军事较量的结果。当代学者也

① 班固．汉书[M]．北京：中华书局，1962：2572．

② 初师宾．丝路羌中道开辟小议[J]．西北师大学报（社会科学版），1982（2）：42-46．

③ 黄文弼．西北史地论丛[M]．上海：上海人民出版社，1981：86．

多这样认为。①②③④⑤⑥ 笔者认为，北匈奴是东汉王朝经营西域的直接障碍，可以说是西域“三绝三通”的直接原因，而西域“三绝三通”的间接原因也是更为深刻的原因，是东汉的羌族问题。以游牧为主、“与匈奴同俗”的羌族，自西汉以来一直被称为匈奴的“右臂”。汉武帝初开河西，列置四郡，通道玉门，其目的就是“隔绝羌胡”，实现“断匈奴右臂”的战略构想，以集中精力解决匈奴边患这一主要矛盾。因此，“隔绝羌胡”的边疆战略始终贯穿于整个西汉王朝。但到了东汉，随着南匈奴附汉，东汉王朝所面临的最大威胁已不再是匈奴，而是河湟、陇右的“羌患”。接连不断的羌族起义，致使东汉政府不仅不能增调河西、陇右的羌胡兵出兵西域，而且要动用主要军事力量去镇压羌族起义，由此给匈奴以可乘之机，阻绝了东汉与西域的交通。

一、西域“一绝一通”与“羌祸”之关联

西域第一次由“绝”到“通”是从王莽始建国元年（公元 9 年）到东汉明帝永平十六年（公元 73 年）。据《汉书·匈奴传》记载，西汉末年，“王莽篡位，贬易侯王，由是西域怨叛，与中国遂绝，并复役属匈奴”，匈奴重新控制西域。据《后汉书·西域传》记载，东汉建立后，莎车、鄯善、车师、焉耆等西域诸国曾先后几次遣子入侍，请立都护，光武帝“以中国初定，北边未服，皆还其侍子，厚赏赐之”。于是，西域诸国处于相互征伐的状态之中，匈奴得以重新恣行西域，“敛税重刻”，凭借西域诸国的人力和物力，再次把西域作为东向入侵中原的基地。

① 翁独健．中国民族关系史纲要 [M]. 北京：中国社会科学出版社，1990：141.
② 田继周．秦汉民族史 [M]. 成都：四川民族出版社，1996：198.
③ 余太山．西域通史 [M]. 郑州：中州古籍出版社，1996：64.
④ 李大龙．两汉时期的边政与边吏 [M]. 哈尔滨：黑龙江教育出版社，1996：73.
⑤ 朱葆珊．论东汉三通西域 [J]. 内蒙古大学学报，1981（S1）：1-10.
⑥ 苗普生．略论东汉三绝三通西域 [J]. 新疆师范大学学报，1985（2）：56-63.

对于光武帝的西域政策，木芹认为："刘秀为首的东汉政权，其保守性、分散性一开始就已显现，加上对西域的情况了解甚少，对其重要性估计不足，做出了不接受来者的错误决定。东汉在处理西域关系方面，一开始就失策。"① 李大龙亦认为："光武帝刘秀由无视西域诸国'求内属'，进而企图委托莎车管理西域，到'东西南北自在'的西域政策，反映了光武帝对西域地位的重要性缺乏认识。"② 笔者认为，光武帝是从西域与河西、湟中、陇右的整体战略来考虑西域问题的。东汉初期，国力尚待恢复，无力顾及西域。而对东汉造成最大威胁的已不是匈奴，而是羌族。光武帝正是从抓住这一主要矛盾入手，解决羌族问题，以保证东汉陇右、湟中、河西由内到外军事防线的安全。为此，他采取了两项措施。一是复置护羌校尉，继承西汉以来对羌族怀柔笼络的"护羌"政策。建武九年（公元 33 年），割据陇右的隗嚣去世，司徒掾班彪上书光武帝："今凉州部皆有降羌，羌胡被发左衽，而与汉人杂处，习俗既异，言语不通，数为小吏黠人所见侵夺，穷恚无聊，故致反叛。夫蛮夷寇乱，皆为此也。旧制益州部置蛮夷骑都尉，幽州部置领乌桓校尉，凉州部置护羌校尉，皆持节领护，理其怨结，岁时循行，问所疾苦。又数遣使驿通动静，使塞外羌夷为吏耳目，州郡因此可得儆备。今宜复如旧，以明威防。"③ 光武从之，任牛邯为护羌校尉，持节如旧。二是分化和削弱羌族力量，对羌人实行强制迁徙。建武十一年（公元 35 年），陇西太守马援击破先零羌后，"徙降羌置天水、陇西、扶风"④，西羌开始由边郡徙迁内郡。光武帝的羌族政策，为后来明帝的羌族政策打下了基础。

明帝时，中原政治局面统一，社会经济恢复，东汉王朝国力加强，

① 木芹．两汉民族关系史 [M]. 成都：四川民族出版社，1988：169.
② 李大龙．两汉时期的边政与边吏 [M]. 哈尔滨：黑龙江教育出版社，1996：74.
③ 范晔．后汉书 [M]．北京：中华书局，1965：2878.
④ 范晔．后汉书 [M]．北京：中华书局，1965：2878.

加之自建武二十四年（公元 48 年）匈奴分裂为南北二部，南匈奴附汉入塞，在东汉王朝的政治支持和经济帮助下，得以与北匈奴抗衡，在这种情况下，东汉王朝便对北匈奴采取攻势。永平十五年（公元 72 年），针对北匈奴的不断南侵，耿秉建议明帝彻底解决匈奴问题。耿秉的这一建议得到了东汉王朝内诸多大臣的赞同。同年，明帝令驸马都尉耿秉、奉车都尉窦固等领军出屯凉州。永平十六年（公元 73 年），明帝命耿秉、窦固等北征匈奴。汉军在天山（今祁连山）击败北匈奴呼衍王部，追至蒲类海（今巴里坤湖），取伊吾地。明帝在伊吾庐置屯田官，号“宜禾都尉”。据《后汉书・西域传》记载，次年（公元 74 年），耿秉、窦固再由敦煌出昆仑塞（今甘肃酒泉西南），再次击破呼衍王，追至蒲类海，并占领了车师，“于阗诸国皆遣子入侍。西域自绝六十五载，乃复通焉”。

汉明帝能够打通西域，与他的羌族政策有着密切的关系。明帝即位后，继续光武帝的羌族政策，一方面对西羌采取迁徙措施，另一方面对西羌的局部起义进行镇压。如永平元年（公元 58 年），窦固与马武等于西邯击溃烧当滇吾，“徙七千口置三辅”①。明帝正是在羌地基本稳定后，才听取了耿秉的建议，对西域的北匈奴采取反击措施。《后汉书・窦固传》记载：“明年，固与忠率酒泉、敦煌、张掖甲卒及卢水羌胡万二千骑出酒泉塞，耿秉、秦彭率武威、陇西、天水募士及羌胡万骑出居延塞，又太仆祭肜、度辽将军吴棠将河东、北地、西河羌胡及南单于兵万一千骑出高阙塞……”所谓“明年”，即永平十六年（公元 73 年），即东汉第一次“通”西域的时间。上文中的羌胡兵，黄烈认为：“所谓羌胡兵，实际就是羌兵，几乎各路皆有，较之南匈奴兵更为重要”“到了东汉，羌胡兵已成了沿边诸郡的重要武装力量，特别是羌兵几乎遍布西北诸边郡。东

① 范晔．后汉书 [M]．北京：中华书局，1965：2880.

汉政府为了讨伐北匈奴从而就曾大量使用羌骑。”[①] 可见，西北边郡的羌兵是汉明帝征伐北匈奴、打通西域的重要军事力量。正是自光武帝至明帝时期，羌地较为稳定，暂时没有出现“羌祸”，明帝才得以征调西北边郡的羌兵出征北匈奴，打通西域。因此，从这个意义上讲，光武帝对西域的“无为”政策，不是“无为”，而是“有为”。

二、西域“二绝二通”与“羌祸”之关联

西域第二次由“绝”到“通”是从建初元年（公元 76 年）至永元六年（公元 94 年）。据《后汉书 · 明帝纪》记载，北匈奴对失去西域并不甘心，遂与东汉王朝在公元 75 年至 76 年间展开了一场争夺西域的战争。最后，匈奴鼓动焉耆、龟兹“攻没都护陈睦，悉覆其众”，又联合车师围攻西域戊己校尉。《后汉书 · 西域传》记载：“建初元年春……章帝不欲疲敝中国以事夷狄，乃迎还戊己校尉，不复遣都护。二年，复罢屯田伊吾，匈奴因遣兵守伊吾地。”西域遂“绝”。

关于东汉第二次“绝”西域的原因，余太山认为：“章帝罢都护，放弃西域，自然是因为焉耆、龟兹之叛，但他登基之年，‘大旱谷贵’，无力继续经营西域，也是一个原因。”[②] 事实上，章帝为保西域还是做了最大的努力的。永平十八年（公元 75 年），北匈奴攻杀车师后王，攻戊己校尉耿恭于金蒲城，迫使耿恭移据车师后部疏勒城。焉耆、龟兹等国攻杀都护陈睦，北匈奴和车师也围困戊己校尉关宠于柳中，关宠向朝廷上书求救。在这种严峻的形势下，章帝没有采纳司空第五伦“不宜救”的主张，而是采纳了司徒鲍昱的建议，遣征西将军耿秉屯酒泉行太守事，遣酒泉太守段彭与谒者王蒙、皇甫援发张掖、酒泉、敦煌三郡及鄯善兵合七千余人以救之。据《后汉书 · 西域传》记载，“建初元年春，酒泉太

① 黄烈 . 中国古代民族史研究 [M]. 北京：人民出版社，1987：96.

② 余太山 . 西域通史 [M]. 郑州：中州古籍出版社，1996：67.

守段彭大破车师于交河城”，北匈奴惊走，车师复降。然而就在这种军事形势对汉非常有利的情况下，章帝却决定罢伊吾屯田，放弃西域。方英楷在《东汉在伊吾的屯田》一文中指出“汉章帝错误地决定放弃西域，命令撤走伊吾屯田军，使伊吾屯田暂时中断”。其实章帝之所以如此做，原因之一在于“羌祸”，因为正是在章帝建初元年，爆发了东汉历史上第一次大规模的羌族起义。这次起义的羌族部落有烧当、封养、烧何、当煎、当阗、卑湳等，其范围波及陇西、汉阳、金城等地。这次“羌祸”导致先后几任护羌校尉被免职或被杀：吴棠、张纡因镇压不力而被免职，傅育被杀，聂尚、史充因兵败获罪被免。可见这次“羌祸”规模之大，破坏性之强。西羌起义迫使东汉王朝集中西部边郡主要兵力去镇压，因而对于西域一些国家在北匈奴支持下的进攻无暇顾及，章帝罢伊吾屯田放弃西域，正是为了收缩西北战线，集中军事力量镇压羌族起义。也就是说，章帝“绝”西域，是心有余而力不足，是不得已而为之。

自汉武帝以来，随着经济、文化联系的日益频繁，西域在政治上已与内地成为密不可分的整体。东汉政府在建初元年罢西域都护、戊己校尉的同时，诏令班超返汉。但是当班超奉命回京时，疏勒举国忧恐，于阗国人抱班超马脚使其不得行。据《后汉书·班超传》记载，班超于是上疏朝廷，力陈民心可用，西域可取之状，其提出的“以夷狄攻夷狄”“兵可不费中国而粮食自足”的建议终为章帝采纳。章帝遂于建初五年（公元 80 年）派假司马徐干率一千兵卒驰援班超，很快扭转了西域危机。经过几年努力，汉军再次扫除了西域的北匈奴势力，并于汉和帝永元三年（公元 91 年）重新设置西域都护和戊己校尉，以班超为都护，驻龟兹。据《后汉书·西域传》记载，永元六年（公元 94 年），班超再领西域诸国兵合七万余人，攻焉耆，斩其王及尉犁王等，以后“西域五十余国，悉皆纳质内属焉”。东汉王朝再次统一了西域。

东汉王朝第二次通西域，班超立下了汗马功劳，余太山认为：“除了他个人的才干之外，主要是因为当时匈奴力量很弱，不能及远。”① 其实，班超打通西域这一时期，正是东汉镇压西羌起义接近尾声的时期，东汉政府不仅可以从中原抽调军事力量重开西域经营，而且可以利用河西甚至西羌的力量去支援西域。前者如《后汉书·和帝纪》所记载：“（永元元年）大将军窦宪大破匈奴。二年，宪因遣副校尉阎槃将二千余骑掩击伊吾，破之”。这次军事行动后，东汉再次在伊吾屯田。在东汉与北匈奴争夺西域的过程中，曾与北匈奴四次争夺伊吾，每次胜利都在伊吾屯田，每次失败都被迫放弃伊吾。因为伊吾是西域东北的门户，是河西四郡的屏障，是东汉新北道的交通要冲，所以，东汉对伊吾的占领，对打通西域具有重要的意义。后者如《后汉书·班超传》所记载：永元九年（公元 97 年），车师后部王涿鞮反叛，“汉遣将兵长史王林，发凉州六郡兵及羌胡二万余人，以讨涿鞮，获首虏千余人”。这次军事行动为班超后期经营西域扫清了障碍，而羌胡兵是这次军事行动的主要力量，因此，班超通西域的关键是得到了河西、凉州军事力量的有力支援，而这与河西、凉州地区的“羌祸”得以平息密切相关。

三、西域“三绝三通”与“羌祸”之关联

西域第三次由“绝”到“通”是从安帝永初元年（公元 107 年）至东汉灭亡。永元十四年（公元 102 年），班超告老还乡，继班超为西域都护的是戊己校尉任尚。据《资治通鉴·汉纪四十一》记载，班超卸任前曾嘱咐任尚：“塞外吏士，本非孝子顺孙，皆以罪过徙补边屯。而蛮夷怀鸟兽之心，难养易败。今君性严急，水清无大鱼，察政不得下和。宜荡佚简易，宽小过，总大纲而已。”但任尚违背了班超的忠言，为政过严，激起了西域诸国的反叛。西域都护段禧虽竭力保据龟兹，但东汉王朝以

① 余太山．西域通史 [M]．郑州：中州古籍出版社，1996：68.

西域遥远，不易经营，每年遣吏士、置屯田，耗资费力之由，遂又决定放弃西域。永初元年，安帝下诏罢西域都护，东汉再次“绝”西域。

关于东汉第三次“绝”西域的原因，传统文献有以下几种说法。《后汉书·西域传》记载：“及孝和晏驾，西域背畔。安帝永初元年，频攻围都护任尚、段禧等，朝廷以其险远，难相应赴，诏罢都护。”据《资治通鉴·汉纪四十一》记载，永初元年，“西域都护段禧等虽保龟兹，而道路隔塞，檄书不通。公卿议者以为西域阻远，数有背畔，吏士屯田，其费无已”。以上是说东汉王朝内部认为放弃西域是因为西域遥远而难以援助以及军费不足两方面原因。《通鉴纪事本末》记载：“勇上议曰：‘前所以时由叛者，皆由牧养失宜，还为其害故也，”是说班超之子班勇认为西域屡叛原因在于东汉官吏的政策失误。其实，东汉第三次“绝”西域最直接最根本的原因，还在于“羌祸”。永初元年夏，东汉王朝“遣骑都尉王弘发金城、陇西、汉阳羌数百千骑征西域，弘迫促发遣，群羌惧远屯不还，行至酒泉，多有散叛。诸郡各发兵徼遮，或覆其庐落。于是勒姐、当煎大豪东岸愈惊，遂同时奔溃”，先零别种滇零与钟羌断陇道，大为寇掠，“郡县畏懦不能制”。[①] 李大龙据此认为，东汉第三次“绝”西域的根本原因在于“东汉王朝征西羌前往西域平叛，遭到了西羌的反抗，诸种多叛，阻塞了东汉王朝和西域来往的通道，从而造成了东汉王朝难以赴援西域的局面。”[②] 而由此开始的羌人起义，终于发展成为东汉历史上规模最大、时间最长的羌族起义。起义军用十分简陋的武器，打败了由邓骘、任尚等率领的东汉大军。永初五年（公元 111 年），起义军进至河东、河内，威胁汉都洛阳。东汉王朝为了孤立羌人起义，竟强令接近羌族起义军占领地区的汉族人民向内地迁移，由此又引发了汉阳人杜琦等领导的汉人起义，大败当时代理护羌校尉庞参的队伍。经过历时十余年

① 范晔．后汉书 [M]．北京：中华书局，1695：2886.
② 李大龙．两汉时期的边政与边吏 [M]．哈尔滨：黑龙江教育出版社，1996：79.

的镇压，这次汉羌人民联合起义才被残酷镇压下去。由此可见，东汉王朝“三绝”西域也是必然，因为东汉政府不仅不能从金城、陇西增调羌胡兵去增援西域，打击北匈奴，而且羌人起义切断陇道，进击三辅，威逼洛阳，直接威胁到东汉王朝统治，在这种情况下，东汉王朝当然无暇也无力顾及边远的西域了。

元初六年（公元 112 年），由于北匈奴与西域诸国“共为边寇”，东汉王朝遂据敦煌太守曹宗建议，派长史索班率千余人屯伊吾，以招抚诸国。但次年三月，当北匈奴攻没索班，略有北道，鄯善告急时，东汉朝廷内“宜闭玉门关，遂弃西域”的论调复起。只有班超之子班勇，结合汉武帝以来经营西域的经验教训和当时东汉“府藏未充，师无后继”的现状，建议依永元时期的做法，置西域副校尉和西域长史，分驻敦煌、楼兰。据《后汉书·西域传》记载，朝廷部分采纳了班勇的建议，“但令置护西域副校尉，居敦煌，复部营兵三百人，羁縻而已”。延光二年（公元 123 年），东汉以班勇为西域长史，领兵五百屯柳中。“自建武至于延光，西域三绝三通。顺帝永建二年（公元 127 年），勇复击降焉耆，于是龟兹、疏勒、于阗、莎车等西域十七国皆来服从，而乌孙、葱岭以西遂绝。”自此，西域与中原复通，但这次的“通”与前两次不一样，实际上处于“半通”状态。这种状态一直持续到东汉灭亡。班勇实现“三通”西域，固然与其勇谋分不开，但与整个东汉的羌族起义的大形势也是密不可分的。此时，永初元年（公元 107 年）爆发的羌族起义已被镇压下去，再一轮的大规模起义尚未开始，河西局势得以暂时稳定，班勇在西域的军事行动，得到了河西军事力量的有力支持。如延光四年（公元 125 年）秋，班勇率敦煌、张掖、酒泉六千骑以及鄯善、疏勒、车师前部兵大破车师后部；永建二年，顺帝遣敦煌太守张朗率河西四郡兵三千人配合班勇行动等。正是在河西军事力量的有力支持下，班勇才得以建立“三通”西域的历史功绩。

综上所述，自西汉中期以来，西域不仅在经济、文化上与中原相互影响、相互促进，而且在军事防御上也与中原成为唇齿相依、密不可分的整体，后来的史家曾有“欲保秦陇，必固河西；欲固河西，必斥西域”[①] 之说。据《资治通鉴·汉纪四十二》记载，安帝延光年间的敦煌太守张珰认为：“臣在京师，亦以为西域宜弃，今亲践其土地，乃知弃西域，则河西不能自存。”据《后汉书·西域传》记载，尚书陈忠也认为，若弃西域，“则虏财贿益增，胆势益殖，威临南羌，与之交连。如此，则河西四郡危矣。河西既危，不得不救，则百倍之役兴，不赀之费发矣”。由此可见，东汉时期的西域与河西、湟中、陇右的军事战略地位紧密相连，牵一发而动全身，河西、湟中、陇右的羌族起义会直接影响东汉王朝对西域的经营。可以说，“羌祸”对东汉王朝“三绝三通”西域的影响，深刻揭示了西域与河西、湟中、陇右的战略关系。

① 顾祖禹．读史方舆纪要［M］．上海：上海书店出版社，1998.

第五章　两汉羌族政策与“西南夷”民族政策的比较

第一节　两汉时期的“西南夷”民族政策

两汉时期的西南夷是指两汉时期分布在南方的诸多少数民族，他们具体可分为西夷和南夷（注：西南夷有时也被用来指这些少数民族分布的西南部地区）。据《汉书》记载，西夷是指居于蜀西及西南的邛都、昆明等地的民族；南夷是指居于巴蜀南方的夜郎、且兰等地的民族。[①] 关于汉代“西南夷”民族政策，已有学者从不同视角对这一问题有所阐述。[②][③][④][⑤] 下面笔者对两汉时期的“西南夷”民族政策做阐述。

一、西汉时期的“西南夷”民族政策

中原王朝对西南夷地区的经营与开发肇始于秦，秦朝时就曾修筑了从今四川宜宾到云南曲靖的“五尺道”，并设置郡县进行管理。但秦朝存续时间较短，其在西南夷地区的统治迅速瓦解。刘邦建立西汉之后，继承了秦王朝开发西南夷地区的政策。汉王朝初建之时，由于国力有限，一时无暇顾及西南夷地区的进一步开发，经过“文景之治”，西汉王朝具

① 班固．汉书 [M]. 北京：中华书局，1962：3837.

② 胡绍华．浅析汉朝初郡政策的历史作用 [J]. 商丘师范学院学报，2003（6）：10-14.

③ 胡绍华．一个被史学界忽视的问题：汉朝的初郡政策 [J]. 商丘师范学院学报，2006（1）：58-62.

④ 高荣．汉代对西南边疆的经营 [J]. 中国边疆史地研究，2000（1）：1-9.

⑤ 尹记远．秦汉—魏晋南北朝时期云南民族政策述评 [J]. 学术探索，2002（5）：119-121.

备了经营西南夷地区的强大物质基础。西汉王朝对西南夷地区的经营主要集中在汉武帝时期。

（一）汉武帝时期对西南夷的“厚赂”政策

“厚赂”政策的确立，是武帝采纳了唐蒙的建议，即企图通过“厚赂”收买西南夷，尤其是夜郎，以利用夜郎的力量防范南越。西汉王朝“厚赂”西南夷的行动有两次规模较大，一次是唐蒙出使夜郎，另一次是司马相如前往西夷。据《史记·西南夷列传》记载，建元六年（公元前135年），武帝“拜蒙为郎中将，将千人，食重万余人，从巴蜀筰关入，遂见夜郎侯多同。蒙厚赐，喻以威德，约为置吏，使其子为令。夜郎旁小邑皆贪汉缯帛，以为汉道险，终不能有也，乃且听蒙约。还报，乃以为犍为郡”。该传又载：“蜀人司马相如亦言西夷邛、筰可置郡。使相如以郎中将往喻，皆如南夷，为置一都尉，十余县，属蜀。”元朔三年（公元前126年），由于西汉王朝经营西南夷地区耗资甚众，公孙弘建议武帝放弃对西南夷地区的经营，西汉王朝于是暂时放弃了对西南夷的统一。

（二）汉武帝时期对西南夷的武力统一政策

元狩元年（公元前122年），汉武帝受张骞出使西域的影响，派遣使团“出西夷西，指求身毒国”，但“皆闭昆明，莫能通身毒国”。[①] 元鼎六年（公元前111年），西汉调南夷兵讨伐南越，“兰君恐远行，旁国虏其老弱，乃与其众反，杀使者及犍为太守”，由此，西汉王朝放弃对西南夷的“厚赂”政策而采用武力统一政策。同年，西汉王朝平定南越后，杀头兰、邛君等反汉西南夷贵族，以南夷地为牂柯郡、邛都为越嶲郡、筰都为沈犁郡、冉駹为汶山郡、广汉西白马为武都郡。元封二年（公元

① 班固．汉书[M]．北京：中华书局，1962：2995．

前 109 年），汉军败劳浸、靡莫，兵临滇国，迫使滇王“举国降，请置吏入朝”[①]，汉以其地为益州郡。至此，西汉王朝基本上完成了对西南夷的统一。

（三）汉武帝时期对西南夷实行郡县制下的“故俗治”政策

西南夷所居地域广大，民族众多，经济文化发展很不平衡，为了对这些地区进行有效统治，西汉王朝因地制宜，采取了灵活的民族政策。《史记·平准书》记载：“汉连兵三岁，诛羌，灭南越，番禺以西至蜀南者置初郡十七，且以其故俗治，毋赋税。”西汉王朝在西南夷地区设郡县之时，从西南夷民族特点出发，实行了二元行政管理方式。一方面，从内地派遣官吏对辖区内的诸民族进行管理；另一方面，由于西南夷各族内部经济社会发展水平与内地不一样，各族内部之间也不平衡，仅靠从内地委派官吏很难有效地对诸少数民族进行统治，因此，西汉王朝封西南夷各族内部原有的头领为王为侯，通过他们实现对少数民族的管理。汉武帝对虽为“小邑”但“始首善”，后又“离西夷”“举国降”的滇王赐以王印；[②] 夜郎王死后，又封其三子为侯。[③] 史载，西南夷大豪受西汉王朝封号者就有夜郎王、滇王、句町王、邛谷王、夜郎侯、漏卧侯、破虏傍邑侯、奉通邑君等。

“故俗治”政策反映到经济政策上就是“毋赋税”。汉武帝时期对板楯蛮规定不输税赋，“复其渠帅罗、朴、督、鄂、度、夕、龚七姓，不输租赋”[④]。即使征收赋税也多是象征性的，如对廪君蛮其君长“岁出赋二千一十六钱，三岁一出义赋千八百钱”[⑤]，而对一般百姓每户每年仅“出

① 班固．汉书 [M]．北京：中华书局，1962：2996.
② 班固．汉书 [M]．北京：中华书局，1962：3842.
③ 范晔．后汉书 [M]．北京：中华书局，1965：2884.
④ 范晔．后汉书 [M]．北京：中华书局，1965：2842.
⑤ 范晔．后汉书 [M]．北京：中华书局，1965：2841.

幪布八丈二尺，鸡羽三十鍭”① 。又如武陵郡地区规定：“岁令大人输布一匹，小口二丈。”②

（四）汉武帝时期对西南夷的徙民实边政策

汉初在北方边疆地区实行“募民徙塞下”的移民屯田政策，这一措施在巩固北方边疆上收到了显著的效果。在西南夷地区“徙民实边”与北方地区“守边备塞”有显著的不同，它更多地具有开荒辟土、发展生产的目的。汉武帝在西南夷地区实行徙民实边，并不只是为了“守边备塞”，而主要是为了就地扩大农业生产，以解决军民的粮食需要。据《史记·平准书》记载，唐蒙在建元六年（公元前135年）修筑南夷道，“作者数万人，千里负担馈粮，率十余钟致一石，…… 悉巴蜀租赋不足以更之”，因此西汉王朝才提出“乃募豪民田南夷，入粟县官，而内受钱于都内”。“田南夷”就是在犍为等地开垦土地，发展生产，就地取粮。徙民实边政策在客观上有利于少数民族和汉族之间的经济文化交流，为民族融合提供了有利的条件。

（五）汉武帝时期打通西南地区夷通道的政策

西汉王朝对西南夷地区的经营，极为重视道路的修建。汉武帝继位后，为打通西南夷地区通道，所修的道路主要有南夷道、西夷道、博南山道，③ 修筑道路的首要目的是满足军事上的需要，即保障军队的调动和军事物资的转运，更好地为经营西南夷地区服务。军事目的的实现必然带来政治联系的加强和深化，使臣的往来、地方官吏的入朝、西南夷君长的朝贡均借助于官道，从而使西汉王朝的政令得以在西南夷地区迅速

① 范晔．后汉书[M]．北京：中华书局，1965：2841．

② 范晔．后汉书[M]．北京：中华书局，1965：2831．

③ 高荣．汉代对西南边疆的经营[J]．中国边疆史地研究，2000（1）：1-9.

地推行。正是在这种官道开辟、信息互通的基础上，西汉王朝与西南夷地区的经济和文化的联系也空前密切。

汉武帝的“西南夷”民族政策，是其经略开发西南夷地区的策略，应当说切合实际，成效显著，有利于促进西南地区经济文化的发展，使西汉王朝对西南夷的统治得以巩固和加强。

二、王莽时期的“西南夷”民族策

王莽在摄政时期就对西汉的边疆政策进行了一些改革，其中之一就是采用以收买为主的政策。王莽摄政时期对边疆民族统治者所采取的收买政策在客观上对西南夷并未造成什么危害。

在重金收买羌族之前，王莽对匈奴实施了重金收买政策，以达到分化瓦解、削弱匈奴的目的。元始五年（公元 5 年），王莽遣中郎将平宪等携带大量“金币”出使西羌，“诱塞外羌，使献地，愿内属”。[①]

王莽废汉立新后不久，即开始着手对西汉王朝的边疆政策进行改革。始建国元年（公元 9 年），王莽曰：“天无二日，土无二王，百王不易之道也。汉氏诸侯或称王，至于四夷亦如之，违于古典，缪于一统。其定诸侯王之号皆称公，及四夷僭号称王者皆更为侯。”[②] 依王莽的号令，重新给“匈奴、西域，徼外蛮夷”颁授新朝的名号、印绶，并将西汉所颁授的印绶收回。于是使者四出，“其东出者，至玄菟、乐浪、高句骊、夫馀；南出者，逾徼外，历益州，贬句町王为侯”[③]。西南夷之句町在接到“改王为侯”的诏令后，其王邯“怨怒不附”，从而引发了句町的反叛。王莽对西南夷的反叛采取了武力征伐的政策。天凤元年（公元 14 年），益州蛮夷“愁扰尽反，复杀益州大尹程隆”[④]，新朝在西南地区的统治受

① 班固．汉书[M]．北京：中华书局，1962：4077.
② 班固．汉书[M]．北京：中华书局，1962：4105.
③ 班固．汉书[M]．北京：中华书局，1962：4115.
④ 班固．汉书[M]．北京：中华书局，1962：3846.

到威胁，王莽派遣平蛮将军冯茂“镇压西南夷”，历时三年，久攻不克，冯茂被征回治罪。天凤三年（公元16年），王莽再遣宁始将军廉丹出兵西南夷，但不久因“军粮前后不相及，士卒饥疫，三岁余死者数万”[①]，进攻遭到挫折。虽然如此，新朝的进攻并没有停止，双方的战争一直持续到新朝灭亡。

三、东汉时期的“西南夷”民族政策

（一）东汉王朝对西南夷加强边郡统治的政策

建武二十七年（公元51年），哀牢王贤栗等率种人一万七千余投附汉朝，“光武封贤栗等为君长。自是岁来朝贡”[②]。《后汉书·显宗孝明帝纪》记载：“十二年春正月，益州徼外夷哀牢王相率内属，于是置永昌郡，罢益州西部都尉。”永昌郡的建立，使整个西南夷地区全部归入汉朝版图。设永昌郡，为当时政治上一件大事，统治者视为盛事，班固《东都赋》描述了接受哀牢朝贡而举行盛大宴会的情景：“目孝武之所不征，孝宣之所未臣，莫不陆詟水栗，奔走而来宾。遂绥哀牢，开永昌，春王三朝，会同汉京。”除新开永昌郡外，加上原益州、牂柯、越巂共四郡，以及犍为属国都尉，东汉王朝不仅有效地统治着西南夷地区，而且比之西汉扩大了、深入了。

（二）东汉王朝对西南夷的廉吏政策

东汉王朝对西南诸族的统治是较为平和的，这得益于东汉王朝委任的管理西南诸族的官员多为政清廉，深得西南边疆诸族的支持。如西部都尉广汉人郑纯“为政清洁，化行夷貊，君长感慕，皆献土珍，颂德

① 班固．汉书[M]．北京：中华书局，1962：3846．
② 范晔．后汉书[M]．北京：中华书局，1965：2851．

美”[①]，越嶲太守冯颢“政化尤多异迹”[②]，益州刺史梁国人朱辅“好立功名，慷慨有大略。在州数岁，宣示汉德，威怀远夷”[③]等。这些官吏不仅广施德政，惩办贪官，而且兴办教育，感化诸夷，如王追为太守时，“政化尤异”“兴起学校，渐迁其俗”[④]，对于巩固东汉王朝对西南边疆的统治，以及加强中原同西南地区诸族的文化交流起着非常重要的作用。

（三）东汉王朝对西南夷“以夷制夷”的政策

东汉王朝在统一西南地区之后，除继续册封西南诸夷首领为王、侯，委任他们管理本部外，有时也委任他们担任地方官吏。如邛都人长贵在更始二年（公元 24 年）领种人杀王莽所任太守枚根，“自立为邛谷王。领太守事。又降于公孙述。述败，光武封长贵为邛谷王。建武十四年（公元 38 年），长贵遣使上三年计，天子即授越嶲太守印绶”[⑤]。任用西南夷酋长为地方官吏是东汉初期的政策，这对于维护东汉王朝在西南边疆刚刚建立的统治秩序有着十分重要的作用。

（四）东汉王朝对西南夷征收赋税的政策

东汉王朝边疆民族政策中有异于西汉的一个显著特点，就是对边疆民族征收赋税。据《后汉书·西南夷列传》记载，郑纯在任永昌太守期间，“与哀牢夷人约，邑豪岁输布贯头衣二领，盐一斛，以为常赋”。这说明东汉王朝对西南边疆各族的统治已渐趋内地化，对于东汉王朝解决经费不足的问题无疑有一定的缓解所用。

---

① 范晔．后汉书 [M]．北京：中华书局，1965：2854.
② 范晔．后汉书 [M]．北京：中华书局，1965：2854.
③ 范晔．后汉书 [M]．北京：中华书局，1965：2854.
④ 范晔．后汉书 [M]．北京：中华书局，1965：2847.
⑤ 范晔．后汉书 [M]．北京：中华书局，1965：2853.

（五）东汉王朝对西南夷武力征讨的政策

东汉王朝对西南边疆各族的统治注重于德化，但由于“赋敛烦数”等原因，西南边疆诸族有时也起而反抗。对此，东汉王朝采取的是武力征讨的政策。如建初元年（公元 76 年），哀牢王与东汉太守发生纷争，哀牢王类牢“遂杀守令而反叛，攻巂唐城”[①]，东汉派遣越巂、益州、永昌军队击之。建初二年（公元 77 年），在昆明夷的配合下东汉军队大败类牢。永平元年（公元 58 年），“姑复夷复叛，益州刺史发兵讨破之，斩其渠帅，传首京师”。[②]

纵观东汉王朝的“西南夷”民族政策，以德化为主，辅以武力征讨。这一政策的推行在一定程度上是因为东汉王朝所委任的边吏多比较清廉，善于安抚西南夷。

第二节　两汉羌族政策与“西南夷”民族政策相比较

有学者把西汉王朝在西南夷地区初次设立郡县，并采取了一系列不同于内地的政策称为“初郡政策”。[③] 木芹提出：“大抵由于郡设在边地而称边郡因郡，系初置而称初郡，如《史记索隐》所言‘初郡即西南初置之郡也’；又因为是新设之郡，故称新郡。边郡、初郡、新郡所指同为一事。惟称初郡、新郡，仅有初置或新置之意，而称边郡，则有别于内地的郡，即反映了边疆和民族的特点，由此看来，称为边郡是适宜的。”[④] 木芹进一步指出：“两汉王朝在西南夷所设郡县区划以同一族系群

① 范晔．后汉书［M］．北京：中华书局，1965：2851．

② 范晔．后汉书［M］．北京：中华书局，1965：2853．

③ 胡绍华．一个被史学界忽视的问题：汉朝的初郡政策［J］．商丘师范学院学报，2006（1）：58-62．

④ 木芹．两汉民族关系史［M］．成都：四川民族出版社，1988：104．

居住范围和经济区域为基础，设郡县后，即任命太守、令、长掌治，又封土长为王、侯、邑长。”[①] 实际上，这种通过当地土长统治少数民族的方式，与秦朝创立的“羁縻政策”相同，秦灭“巴”“蜀”后，仍任命巴族、蜀族的酋领为侯，对巴族、蜀族进行统治。在这种政策下产生的少数民族职官制度可以称为“羁縻官制”，这是两汉“西南夷”民族政策的核心。这种羁縻官制是与两汉时期社会政治、经济、文化发展和民族现状相适应的。对中央王朝来说，这种制度既避免了对少数民族地区直接统治所带来的矛盾与冲突，又能使这些少数民族地区纳入中央王朝的统治范围；对于少数民族上层来说，羁縻官制不仅使其仍保留原有的既得利益，中央王朝的册封还使其统治地位和权力合法化，更具有权威性。共同的利益使中央王朝和少数民族上层有机地结合起来，使羁縻官制得以在少数民族地区实行和推广。如在西南夷地区，最先受封中央王朝王印的是夜郎王、滇王，而随着两汉在西南夷地区经营的深入和受封民族上层人物所获得种种实惠，使其他一些少数民族头领纷纷效仿夜郎王和滇王，接受了朝廷的册封。两汉王朝在西南夷地区实行的这种羁縻官制的实质，一方面是要加强中央王朝对少数民族地区的统治，使之纳入统一的国家管理体系之中；另一方面，基于西南夷地区诸民族与汉族地区、诸民族之间发展的不平衡，为了有效地达到对西南夷统治的目的，不得不采取迂回战略，即在保持西南夷各民族内部原有的政治、经济结构不变的前提下，通过少数民族上层来对少数民族进行管理。

东汉的民族政策比之西汉有了一个很大的变化，地域上从北方的收缩防御到南方的积极扩张；在民族特点上，由关注北方游牧少数民族到更为关注西部与南部半农半牧及农耕民族。东汉王朝对匈奴和西域不再抱有如西汉时的积极态度，而是将开拓的重心转向了西部和南方的少数

① 木芹．两汉民族关系史[M]．成都：四川民族出版社，1988：105.

民族。东汉王朝在对匈奴实施防御、从西域大步撤退的同时，正在向南方少数民族和西羌族活动区大肆扩张。具体来说，东汉王朝对西羌民族的扩张过程充满了血与火，而对南方少数民族的开拓却要顺利得多。[①]

通过两汉时期的羌族政策与“西南夷”民族政策相比较，可以鲜明地看出，“羁縻官制”更适合两汉“西南夷”当时历史的民族状况，即“西南夷”各族比较分散、独立，更适合“羁縻”，这与两汉的羌族政策形成鲜明的对比。纵观两汉对羌族、“西南夷”等民族实行的属国制度，作为两汉政府管理归附少数民族部落的一种特殊民族政策，具有很强的羁縻特色。从我国古代羁縻政策发展的整个过程来分析，可以说，两汉的属国制度是我国古代羁縻政策初步形成和发展的一种特殊形式，也是我国古代羁縻制度在两汉时期确立的一种表现。不管是唐宋时期的羁縻府州制，还是元明清时期的土司制度，其历史渊源都可追溯到两汉的属国制度，所以，两汉羌族政策对后世的民族政策产生了深远的影响。

① 邝盛彦．东汉民族政策研究[D]．苏州：苏州大学，2008.

结　语

两汉时期既是羌族的发展壮大时期，又是羌族与汉族等不断进行融合的重要时期。汉王朝加强与羌族的交往（包括友好往来与军事战争）和羌族不断内迁的过程，促进了这种民族融合。一方面，汉朝对羌族的建置开发，汉民的大规模实边，羌人的大批内迁杂居，这些举措在客观上促进了两汉时期羌人（主要是内迁羌人）的汉化。经过两汉数百年的汉羌杂居，内迁的羌人都逐渐汉化了。另一方面，汉羌之间的战争，虽然多数情况下是因汉朝为加强对羌人的控制而引起的，但是，中国古代民族间的斗争或战争，往往也是一种重要的民族交往和融合方式，尽管这种方式有血腥味。[①] 对于羌族的汉化及其对中华民族的形成所做出的贡献，费孝通给予了充分肯定，他说："羌人在中华民族形成过程中起的作用似乎和汉人刚相反。汉族是以接纳为主而日益壮大的，羌族却以供应为主，壮大了别的民族。很多民族包括汉族在内从羌人中得到血液。"[②]

---

① 汪高鑫．汉代的民族交往与民族融合［J］．学习与探索，2013（1）：139-146.

② 费孝通．中华民族的多元一体格局［J］．北京大学学报（哲学社会科学版），1989（8）：19.

参考文献

[1] 司马迁 . 史记 [M]. 北京：中华书局，1959.

[2] 班固 . 汉书 [M]. 北京：中华书局，1962.

[3] 范晔 . 后汉书 [M]. 北京：中华书局，1965.

[4] 司马光 . 资治通鉴 [M]. 北京：中华书局，1956.

[5] 王符 . 潜夫论 [M]. 北京：商务印书馆，1979.

[6] 王夫之 . 读通鉴论 [M]. 北京：中华书局，1975.

[7] 顾祖禹 . 读史方舆纪要 [M]. 上海：上海书店出版社，1998.

[8] 陈寿 . 三国志 [M]. 北京：中华书局，1959.

[9] 严耕望 . 中国地方行政制度史・甲部（秦汉地方行政制度）[M]. 台北：《史语所专刊》之四十五 A，1961.

[10] 大庭脩 . 秦汉法制史研究 [M]. 徐世虹，等译 . 上海：上海人民出版社，2017.

[11] 廖伯源 . 秦汉史论丛 [M]. 台北：五南图书出版股份有限公司，2003.

[12] 陈梦家 . 汉简缀述 [M]. 北京：中华书局，1980.

[13] 林惠祥 . 中国民族史 [M]. 上海：商务印书馆，1939.

[14] 汪楷 . 陇西金石录：上册 [M]. 兰州：甘肃人民出版社，2010.

[15] 王桐龄 . 中国民族史 [M]. 北平：文化学社，1934.
[16] 顾颉刚 . 史林杂识初编 [M]. 北京：中华书局，1963.
[17] 马长寿 . 氐与羌 [M]. 上海：上海人民出版社，1984.
[18] 马长寿 . 氐与羌 [M]. 桂林：广西师范大学出版社，2006.
[19] 冉光荣，李绍明，周锡银 . 羌族史 [M]. 成都：四川民族出版社，1985.
[20] 《羌族简史》编写组 . 羌族简史 [M]. 北京：民族出版社，1986.
[21] 任乃强 . 羌族源流探索 [M]. 重庆：重庆出版社，1984.
[22] 翁独健 . 中国民族关系史纲要 [M]. 北京：中国社会科学出版社，1990.
[23] 黄烈 . 中国古代民族史研究 [M]. 北京：人民出版社，1987.
[24] 林干 . 中国古代北方民族史新论 [M]. 呼和浩特：内蒙古人民出版社，1993.
[25] 《中国北方民族关系史》编写组 . 中国北方民族关系史 [M]. 北京：中国社会科学出版社，1987.
[26] 田继周 . 秦汉民族史 [M]. 成都：四川民族出版社，1996.
[27] 江应梁 . 中国民族史 [M]. 北京：民族出版社，1990.
[28] 王锺翰 . 中国民族史 [M]. 北京：中国社会科学出版社，1994.
[29] 木芹 . 两汉民族关系史 [M]. 成都：四川民族出版社，1988.
[30] 陈直 . 史记新证 [M]. 天津：天津人民出版社，1979.
[31] 陈直 . 居延汉简研究 [M]. 天津：天津古籍出版社，1986.
[32] 谷川道雄 . 中国中世社会与共同体 [M]. 马彪，译 . 北京：中华书局，2002.
[33] 杨鸿年 . 汉魏制度丛考 [M]. 武汉：武汉大学出版社，1985.
[34] 熊铁基 . 秦汉军事制度史 [M]. 南宁：广西人民出版社，1990.
[35] 黄今言 . 秦汉军制史论 [M]. 南昌：江西人民出版社，1993.
[36] 黄今言，邵鸿，卢星，等 . 东汉军事史 [M]. 北京：军事科学出版社，1998.
[37] 李玉福 . 秦汉制度史论 [M]. 济南：山东大学出版社，2002.
[38] 钱穆 . 国史大纲 [M]. 北京：商务印书馆，1994.
[39] 吕思勉 . 秦汉史 [M]. 上海：上海古籍出版社，1983.

[40] 吕思勉 . 中国民族史 [M]. 上海：上海中国大百科全书出版社，1987.
[41] 吕思勉 . 中国民族史两种 [M]. 上海：上海古籍出版社，2008.
[42] 安作璋 . 汉史初探 [M]. 上海：学习生活出版社，1955.
[43] 安作璋，熊铁基 . 秦汉官制史稿 [M]. 济南：齐鲁书社，1984.
[44] 安作璋 . 两汉与西域关系史 [M]. 济南：齐鲁书社，1979.
[45] 张维华 . 汉史论集 [M]. 济南：齐鲁书社，1980.
[46] 黄文弼 . 西北史地论丛 [M]. 上海：上海人民出版社，1981.
[47] 林剑鸣 . 秦汉史 [M]. 上海：上海人民出版社，1989.
[48] 崔瑞德，鲁惟一 . 剑桥中国秦汉史 [M]. 杨品泉，等译 . 北京：中国社会科学出版社，1992.
[49] 余英时 . 汉代贸易与扩张 [M]. 上海：上海古籍出版社，2005.
[50] 马植杰 . 三国史 [M]. 北京：人民出版社，1993.
[51] 张岂之 . 中国历史 [M]. 北京：高等教育出版社，2001.
[52] 赵生琛，谢端琚，赵信 . 青海古代文化 [M]. 西宁：青海人民出版社，1986.
[53] 青海省志编纂委员会 . 青海历史纪要 [M]. 西宁：青海人民出版社，1987.
[54] 内蒙古自治区博物馆文物工作队 . 和林格尔汉墓壁画 [M]. 北京：文物出版社，1978.
[55] 青海省文物考古研究所 . 上孙家寨汉晋墓 [M]. 北京：文物出版社，1993.
[56] 谭其骧 . 中国历史地图集 [M]. 北京：中国地图出版社，1982.
[57] 复旦大学历史地理研究所 . 中国历史地名辞典 [M]. 南昌：江西教育出版社，1986.
[58] 张传玺，胡志宏，陈柯云，等 .1900—1980 战国秦汉史论文索引 [M]. 北京：北京大学出版社，1983.
[59] 黄文弼 . 罗布淖尔考古记 [M]. 北京：中华书局，1948.
[60] 张传玺 . 战国秦汉史论著索引续编 [M]. 北京：北京大学出版社，1992.
[61] 张传玺 . 战国秦汉史论著索引三编 [M]. 北京：北京大学出版社，2002.

[62] 李学勤 . 中国古代文明研究 [M]. 上海：华东师范大学出版社，2005.
[63] 马大正 . 中国边疆经略史 [M]. 郑州：中州古籍出版社，2000.
[64] 赵云田 . 中国边疆民族管理机构沿革史 [M]. 北京：中国社会科学出版社，1993.
[65] 杨建新 . 中国西北少数民族史 [M]. 北京：民族出版社，2003.
[66] 田余庆 . 拓跋史探修订版 [M]. 北京：中华书局，2011.
[67] 王子今 . 秦汉边疆与民族问题 [M]. 北京：中国人民大学出版社，2011.
[68] 李大龙 . 两汉时期的边政与边吏 [M]. 哈尔滨：黑龙江教育出版社，1996.
[69] 李大龙 . 都护制度研究 [M]. 哈尔滨：黑龙江教育出版社，2003.
[70] 李大龙 . 汉唐藩属体制研究 [M]. 北京：中国社会科学出版社，2006.
[71] 余太山 . 西域通史 [M]. 郑州：中州古籍出版社，1996.
[72] 王明珂 . 游牧者的抉择：面对汉帝国的北亚游牧部族 [M]. 桂林：广西师范大学出版社，2008.
[73] 王明珂 . 英雄祖先与弟兄民族 [M]. 北京：中华书局，2009.
[74] 王明珂 . 华夏边缘 [M]. 北京：社会科学文献出版社，2006.
[75] 王明珂 . 游牧者的抉择 [M]. 广西：广西师范大学出版社，2008.
[76] 王明珂 . 羌乡田野杂记 [M]. 北京：中华书局，2009.
[77] 胡平生，张德芳 . 敦煌悬泉汉简释粹 [M]. 上海：上海古籍出版社，2001.
[78] 谢桂华，李均明，朱国炤 . 居延汉简释文合校 [M]. 北京：文物出版社，1987.
[79] 张家山二四七号汉墓竹简整理小组 . 张家山汉墓竹简 [M]. 北京：文物出版社，2006.
[80] 崔明德 . 中国古代和亲史 [M]. 北京：人民出版社，2005.
[81] 崔明德 . 两汉民族关系思想史 [M]. 北京：人民出版社，2007.
[82] 徐难于 . 汉灵帝与汉末社会 [M]. 济南：齐鲁书社，2002.

[83] 崔永红 . 青海通史 [M]. 兰州：青海人民出版社，1999.
[84] 耿少将 . 羌族通史 [M]. 上海：上海人民出版社，2010.
[85] 新疆维吾尔自治区博物馆 . 新疆历史文物 [M]. 北京：文物出版社，1977.
[86] 尤伟琼，孙雪萍，王文光 . 前四史与先秦秦汉时期的中国边疆民族史研究 [M]. 昆明：云南大学出版社，2019.
[87] 阿坝藏族羌族自治州地方志编纂委员会 . 阿坝藏族羌族自治州志 [M]. 北京：民族出版社，1994.
[88] 何永斌 . 四川羌族特殊载体档案史料研究 [M]. 成都：巴蜀书社，2009.
[89] 中国社会科学院考古研究所 . 居延汉简甲乙编 [M]. 北京：中华书局，1980.
[90] 胡小鹏 . 两汉的金城属国和护羌校尉 [M]// 西北师范大学历史系 . 西北史研究：第一辑（上），兰州：兰州大学出版社，1997.
[91] 张德芳 . 悬泉汉简羌族资料辑考 [M]// 李学勤，谢桂华 . 简帛研究二〇〇一 . 桂林：广西师范大学出版社，2001：358–368.
[92] 张德芳 . 悬泉汉简羌族资料 [M]// 郝树声，张德芳 . 悬泉汉简研究 . 兰州：甘肃文化出版社，2009：171.
[93] 廖伯源 . 从汉代郎将职掌之发展论官制演变的一些特征 [M]// 廖伯源 . 秦汉史论丛 . 台北：五南图书出版股份有限公司，2003：47–70.
[94] 黄文弼 . 张骞使西域路线考 [M]// 黄文弼 . 西北史地论丛 . 上海：上海人民出版社，1981：73–75.
[95] 初师宾 . 悬泉汉简羌人资料补述 [M]// 中国文物研究所 . 出土文献研究（第六辑）. 上海：上海古籍出版社，2004：185.
[96] 陈梦家 . 汉简缀述 [M]// 陈梦家 . 西汉都尉考 . 北京：中华书局，1979：133.
[97] 周伟洲 . 关于秦汉地方行政体制中的“道”[M]// 陕西历史博物馆馆刊编辑部 .《陕西历史博物馆馆刊》第四辑 . 西安：西北大学出版社，1997.
[98] 赵生琛 . 东汉三老赵宽碑 [M]// 赵生琛，谢端琚，赵信 . 西宁：青海古代文化 . 青海人民出版社，1986：116.

[99] 初师宾 . 丝路羌中道开辟小议 [J]. 西北师大学报（社会科学版），1982（2）：42–46.

[100] 雍继荣 . 羌族族源研究回顾与展望 [J]. 中国史研究动态，1989（10）：6–12.

[101] 肖之兴 . 试释“汉归义羌长”印 [J]. 文物，1976（7）：86.

[102] 费孝通 . 中华民族的多元一体格局 [J]. 北京大学学报（哲学社会科学版），1989（8）：19.

[103] 周振鹤 . 行政区划史研究的基本概念与学术用语刍议 [J]. 复旦学报（社会科学版），2001（3）：31–36.

[104] 马大正 . 中国古代的边疆政策与边疆治理 [J]. 西域研究，2002（4）：1–15.

[105] 张鹤泉 . 东汉持节问题探讨 [J]. 史学月刊，2003（2）：15–23.

[106] 夏鼐 . 青海西宁出土的波斯萨珊朝银币 [J]. 考古学报，1958（1）：105–110.

[107] 冯汉镛 . 关于“经西宁通西域路线”的一些补充 [J]. 考古，1958（7）：59–64.

[108] 王宗维 . 汉代令居塞的地理位置 [J]. 兰州学刊，1985（1）：86–93.

[109] 王宗维 . 汉朝对金城的开发与建设 [J]. 兰州学刊，1988（1）：93–101.

[110] 王宗维 . 秦汉时期匈奴与西羌的关系 [J]. 西北大学学报（哲学社会科学版），1986（2）：3–10+59.

[111] 边章 . 两汉的护羌校尉 [J]. 西北师大学报（社会科学版），1991（1）：21–23.

[112] 马兰州 . 护羌校尉与金城属国 [J]. 历史教学，2002（12）：66–68.

[113] 周伟洲，间所香炽 . 陕西出土与少数民族有关的古代印玺杂考 [J]. 民族研究，2000（2）：85–93+110.

[114] 李大龙 . 东汉王朝护羌校尉考述 [J]. 民族研究，1996（2）：67–78.

[115] 李大龙 . 温序为东汉第一任护羌校尉考 [J]. 西北民族学院学报，1996（2）：19–22.

[116] 赵明 . 东汉对西羌长期作战的原因与教训 [J]. 中国史研究，1994（1）：64–73.
[117] 李炳泉 . 两汉戊己校尉建制考 [J]. 史学月刊，2002（6）：25–31.
[118] 刘满 . 鲜水及其有关的民族和交通线路探讨 [J]. 青海社会科学，1982（3）：96–103.
[119] 孙言诚 . 秦汉的属邦和属国 [J]. 史学月刊，1987（2）：14–21.
[120] 余尧 . 东汉羌人起义 [J]. 西北师大学报（社会科学版），1981（1）：90–93+89.
[121] 陈勇 ."凉州三明"论 [J]. 中国史研究，1998（2）：38–48.
[122] 榎一雄 . 小月氏考 [J]. 赵宗福，译 . 青海民族学院学报，1990（1）：17–24.
[123] 王剑英 . 羌人反抗东汉封建统治的斗争 [J]. 历史教学，1956（11）：7–13.
[124] 陈晓鸣 . 两汉北部边防若干问题之比较 [J]. 中国边疆史地研究，2002（3）：22–30.
[125] 高荣 . 汉代护羌校尉述论 [J]. 中国边疆史地研究，1995（3）：10–16.
[126] 高荣 . 汉代河西人口蠡测 [J]. 甘肃高师学报，2000（1）：62–65.
[127] 高荣 . 汉代对西南边疆的经营 [J]. 中国边疆史地研究，2000（1）：1–9.
[128] 高荣 . 敦煌悬泉汉简所见河西的羌人 [J]. 社会科学战线，2010（10）：100–106.
[129] 陈新海 . 西汉管理青海方略试探 [J]. 青海民族研究，1996（2）：38–44.
[130] 陈新海 . 试论东汉在青海地区的施政 [J]. 青海社会科学，1997（5）：79–86.
[131] 杨秀清 . 论东汉对羌族的政策 [J]. 青海社会科学，1995（5）：82–88.
[132] 吴焯 . 古代青海交通西域的路线及其历史沿革 [J]. 西域研究，1992（2）：24–33.
[133] 汪高鑫 . 汉代的民族交往与民族融合 [J]. 学习与探索，2013（1）：139–146.

[134] 马智全 . 从出土汉简看汉代羌族部族 [J]. 丝绸之路，2011（6）：5–8.

[135] 马智全 . 汉简所见汉代河西羌人的生活状态 [J]. 西北民族大学学报（哲学社会科学版），2011（6）：38–43.

[136] 苏家寅 . 汉代道制政区的起源 [J]. 史学月刊，2021（5）：48–59.

[137] 胡绍华 . 一个被史学界忽视的问题：汉朝的初郡政策 [J]. 商丘师范学院学报，2006（1）：58–62.

[138] 汪桂海 . 从出土资料谈汉代羌族史的两个问题 [J]. 西域研究，2010（2）：1–7+122.

[139] 刘国防 . 西汉护羌校尉考述 [J]. 中国边疆史地研究，2010（3）：9–17+148.

[140] 马玉洁 . 两汉护羌校尉府治所迁徙考述 [J]. 哈尔滨师范大学社会科学学报，2016（4）：163–166.

[141] 汪波 .《后汉书》与羌族史研究 [J]. 西南民族学院学报（哲学社会科学版），1996（2）：91–96.

[142] 李绍明 . 关于羌族古代史的几个问题 [J]. 民族研究，1963（5）：165–182.

[143] 尚新丽 . 秦汉时期羌族的迁徙及社会状况 [J]. 南都学坛，1997（5）：4–7.

[144] 李宗放 . 汉代羌人各部述论 [J]. 西南民族学院学报（哲学社会科学版），2001（6）：51–62.

[145] 刘夏蓓 . 两汉前羌族迁徙论 [J]. 民族研究，2002（2）：39–43+107–108.

[146] 周娟 . 浅论宋代以前古羌族的民族融合 [J]. 青海民族研究，2003（2）：79–83.

[147] 李吉和 . 秦汉时期羌族的内徙与经济社会的变迁 [J]. 中南民族学院学报（人文社会科学版），2003（2）：100–103.

[148] 何湟 . 关于东汉时期羌汉战争的性质问题：与张大可同志商榷 [J]. 青海社会科学，1985（1）：122–128.

[149] 秦士金．两汉羌族社会状况及民族关系简析 [J]. 青海民族研究，1990（2）：26–30.

[150] 王勖．东汉羌汉战争动因新探 [J]. 中国边疆史地研究，2008（2）：15–21+148.

[151] 王勖．羌汉战争与东汉帝国的东西矛盾 [J]. 西北民族大学学报（哲学社会科学版），2007（5）：6–12.

[152] 赵明．东汉对西羌长期作战的原因与教训 [J]. 中国史研究，1994（1）：64–73.

[153] 王伟．东汉治羌政策之检讨 [J]. 中国边疆史地研究，2008（1）：28–36+147.

[154] 林永强．汉朝羌区军政防控措施考论 [J]. 军事历史研究，2010（4）：90–95.

[155] 种根发．论两汉对羌族政策的变迁 [J]. 山东工商学院学报，2013（3）：120–124.

[156] 李万军．浅析西汉的治羌方略 [J]. 鸡西大学学报，2010，10（2）：99–100.

[157] 王力．两汉时期西羌内迁浅析 [J]. 青海民族研究，2004（3）：70–75.

[158] 王力．西羌内迁述论 [J]. 贵州民族研究，2004（4）：159–162.

[159] 王力，王希隆．东汉时期羌族内迁探析 [J]. 中国边疆史地研究，2007（3）：48–60+179.

[160] 杨芳．汉简所见汉代河西边郡人口来源考 [J]. 敦煌研究，2010（3）：78–85.

[161] 张华．浅析两汉时期羌族的内迁与管理 [J]. 内蒙古农业大学学报（社会科学版），2012（5）：330–331.

[162] 王红．论战国至魏晋北方民族融合中的观念意识 [J]. 殷都学刊，1995（1）：73–76.

[163] 杨华山．论移民与民族融合 [J]. 贵州社会科学，2003（4）：92–95.

[164] 王文光．秦汉时期民族关系互动述论 [J]. 思想战线，2004（1）：125–130.

[165] 吴永章．从秦汉时期的民族政策看我国土司制度的渊源 [J]. 中南民族学院学报（哲学社会科学版），1984（3）：2–11.

[166] 徐杰舜．秦汉民族政策特点初论 [J]. 贵州民族研究，1992（2）：42–49.

[167] 陈晓鸣．筹边失当与东汉衰亡 [J]. 江西师抱大学学报，2002（4）：38–42.

[168] 陈金凤，欧阳辉．东汉明帝民族政策论析 [J]. 贵州民族研究，2006（4）：189–196.

[169] 陈金凤．汉光武帝边防政策及其相关问题论析 [J]. 史学集刊，2008（1）：49–55.

[170] 陈金凤．汉光武帝民族政策论略 [J]. 中南民族大学学报（人文社会科学版），2004（1）：76–79.

[171] 贾文丽．汉朝在河西的防御与战略演变 [J]. 南都学坛，2010（7）：5–11.

[172] 刘军．汉代军队后方勤务工作述略 [J]. 长春师范学院学报，2011，30（11）：45–49.

[173] 陈心林．汉代民族治理政策述论 [J]. 内蒙古社会科学（汉文版），2005（2）：7–11.

[174] 龚荫．汉王朝对边疆民族治理述略 [J]. 西南民族大学学报（人文社科版），2008（9）：49–55.

[175] 周松．两汉时期匈奴和羌在今兰州地区的活动述论 [J]. 西北民族学院学报（哲学社会科学版·汉文），1999（1）：28–34.

[176] 荣宁．试论护羌校尉制度性质的变化 [J]. 青海民族研究，1998（2）：88–91.

[177] 胡昭曦．论汉晋的氐羌和隋唐以后的羌族 [J]. 历史研究，1963（2）：153–170.

[178] 刘彦威 . 西汉王朝的边疆经略 [J]. 中国边疆史地研究，1997（3）：11.

[179] 徐杰舜，罗树杰 . 中国古代民族经济政策初论 [J]. 贵州民族研究，1994（3）：98–107.

[180] 刘瑞 . 秦、西汉的“内臣”与“外臣”[J]. 民族研究，2003（3）：69–79+109.

[181] 何诗海 . 汉代屯田对西北农业发展的影响 [J]. 青海社会科学，2002（4）：85–87.

[182] 曾鹰 . 论古代西部开发的兴衰及其借鉴意义 [J]. 科学管理研究，2002（5）：63–67.

[183] 吴宏歧 .“护军”制起始时间考辨 [J]. 中国史研究，1997（4）：166–167.

[184] 丁福林 . 关于汉代属国的几个问题 [J]. 苏州科技学院学报（社会科学版），2003（1）：122–127.

[185] 曹学群 . 县“有蛮夷曰道”质疑 [J]. 求索，1996（1）：125–127.

[186] 罗开玉 . 论秦汉道制 [J]. 民族研究，1987（5）：54–60.

[187] 张焯，张东刚 . 秦“道”臆说：兼向罗开玉先生请教 [J]. 民族研究，1989（1）：93–97.

[188] 丁树芳 . 两汉护羌校尉研究述评 [J]. 南都学坛，2014（2）：17–20.

[189] 杨建 . 略论秦汉道制的演变 [J]. 中国历史地理论丛，2001（4）：10.

[190] 安梅梅，李晓东 . 略论汉代对羌的多元民族管理建置 [J]. 天水师范学院学报，2016（4）：60–63.

[191] 杨富学，刘源 . 出土简牍所见汉代敦煌民族及其活动 [J]. 敦煌研究，2019（3）：32–45.

[192] 谢绍鹢 . 两汉护羌校尉略考 [J]. 人文杂志，2009（1）：144–148.

[193] 陈琳国 . 东羌与西羌辨析 [J]. 史学月刊，2008（4）：31–37.

[194] 谢绍鹢 . 两汉护羌校尉研究 [D]. 西安：西北大学，2007.

[195] 王力 . 两汉王朝与羌族关系研究 [D]. 兰州：西北师范大学，2005.

[196] 张士伟 . 汉初民族思想与民族政策研究 [D]. 内蒙古：内蒙古大学，2005.

[197] 邝盛彦 . 东汉民族政策研究 [D]. 苏州：苏州大学，2008.

[198] 杨涛 . 东汉以来内迁羌族在关中的分布研究 [D]. 延安：延安大学，2010.

[199] 王靓 . 出土文献所见两汉陇西郡研究 [D]. 兰州：西北师范大学，2021.

[200] 王东岳 . 两汉与羌民族关系研究 [D]. 西安：陕西师范大学，2016.

[201] 董朋 . 东汉征羌将领研究 [D]. 武汉：华中师范大学，2021.

[202] 安梅梅 . 两汉的属国制度 [D]. 兰州：西北师范大学，2005.